즐거운 소음

현 대 수 필 가 1 0 0 인 선 · 0 5

즐거운 소음

김규련 수필선

좋은수필사

■ 책머리에

수필은 누구나 부담 없이 읽고, 마음만 먹으면 직접 쓸 수도 있는 가장 친근한 문학이다. 다른 영역의 문학이 영상매체에 밀려 신음하고 있는 중에도 수필 인구만은 날로 증가하여 바야흐로 수필 전성시대를 구가하고 있는 이유도 거기에 있을 것이다.

시대적 추세에 힘입어 수많은 수필전문지, 수필동인지가 창간되고, 이에 비례하여 신진 수필가도 날로 늘어나다 보니 이제는 그 많은 작가, 그 많은 작품 중에서 문학성 높은 작품을 가려 읽는 일이 쉽지 않게 되었다. 이런 현상은 작가에게나 독자에게나 결코 바람직한 일이 아니다. 더 나아가서는 수필을 연구하는 후세들에게도 큰 부담이 될 것이다.

이런 문제를 해결하는 데는 출판인도 마땅히 한몫을 감당해야 한다는 평소의 소신에 따라, 본사가 기꺼이 그 역할을 맡기로 했다. 그 첫 번째 사업으로 시대를 대표할 만한 수필가 100인을 선정하고, 작가가 자선한 40편 내외의 작품을 수록한 문고본을 발간하여 이를 널리 보급함으로써 그 소임을 다하고자 한다.

본사는 사명감을 가지고 이 사업을 추진해 나가기로 했다. 작가 선정을 전담할 편집위원회를 구성하고 전권을 위임하여 일체의 사적인 정실이나 청탁을 배제함으로써 전문성과 공정성을 확보해 나갈 것이다.

따라서 이 기획물 속에는 작가의 문학정신뿐만 아니라, 본사의 문학사적 기여 의지와 편집위원 제위의 수필문학에 대한 애정과 문인으로서의 양심이 함께 담겨 있음을 자부한다. 다만, 작가를 선정하는 기준에는 많은 견해의 차이가 있을 수 있고, 선정 과정에서도 미처 챙기지 못한 부분이 있을 것이라는 사실만은 인정하지 않을 수 없다. 이 점에 대해서는 관계자 여러분의 양해 있으시기 바란다.

이 시리즈의 발간 순서는 작가, 또는 본사의 사정에 의한 것일 뿐 그밖의 어떤 기준도 적용하지 않았음을 밝힌다.

본 기획물이 시대를 초월한 많은 수필 애호가들의 관심과 애정 속에 우리나라 수필문학 발전에 한 이정표가 되기를 바랄 뿐이다.

2007년 10월

좋은수필 발행인 서 정 환

현대수필가 100인선 간행 편집위원 박 재 식 최 병 호

정 진 권 강 호 형

변 해 명

| 차례 |

1_부

2_부

3_부

4_부

1부

개구리 소리

지창에 와 부딪치는 요란한 개구리 소리에 끌려 들에 나와 서성거려 본다. 저녁나절 몹시 불던 바람은 잠이 밤은 이미 이슥하다.

모를 내기에는 아직 이르다. 물이 가득 잡힌 빈 논에는 또 하나의 밤하늘이 떠 있다. 지칠 줄 모르는 개구리 소리는 연신 하늘과 땅 사이의 고요를 뒤흔들고 있다. 와글거리는 개구리 소리에 물이랑이 일 적마다 달과 별은 비에 젖은 가로등처럼 흐려지곤 한다. 첩첩한 산이며 수목樹木들은 무거운 침묵에 잠겨 있다. 그들도 이 밤에 개구리 소리에 묵묵히 귀를 모으고 있는 것일까.

개골 개골 개골 가르르 가르르 갸갸갸갸.

산골의 개구리는 진달래가 피었다가 지고 제비꽃이 논둑

에 점점이 깔릴 무렵 갑자기 울기 시작한다. 그러다가 무더운 여름 어느 날 녹음 속에서 매미 소리가 울려 퍼지면 개구리들은 이제 지친 듯 조용히 입을 다문다. 비가 올 때는 더러 울기도 하지만 개구리의 한 해는 이미 저물어 간 것이다.

개구리 소리에는 가락도 없고 장단도 없다. 그저 시끄러운 울림소리의 단조로운 반복이 있을 뿐이다. 그런데도 허허로운 빈 마음으로 가만히 들어 보면 묘하게도 짜증이 나지 않고 오히려 가슴이 설레 온다. 개구리 소리는 춥고도 긴 겨울을 땅 밑에서 견디고 다시 살아난 개구리들의 환희의 목소리이기 때문일까. 아니면 머지않아 태어날 그 숱한 작은 새 생명의 창조를 노래하는 소리이기 때문일까.

개구리 소리는 즐거운 소음이다. 만약 개구리의 요란한 울음 소리가 없다면, 꽃이 피고 숲이 우거지고 개울물이 흐르며 산새들이 더러는 지저귄다 해도 이 산중은 얼마나 살벌하고 적막할 것인가. 어쩌면 정적이 지나쳐서 죽음의 공포 같은 것을 느낄지도 모른다.

나는 산중 생활에서 고독을 달래 보려고 요즘은 밤마다 들에 나와 논둑을 오르내린다. 농가의 들창에서 새어 나온 불빛이 무논 위에 어른거리는 것을 보면 괜히 어린 시절이 생각난다. 고향집 툇마루에서 어머니 무릎에 앉아 듣던 개구리 소리를 등에 찬 바람을 느끼는 나이에 이 산골에서 다시 들어 보는 서글픈 감격. 불효한 청개구리 삼형제 얘기를 들려주시던 어머니의 목소리며, 감꽃 목걸이를 해 걸고 철없이 뛰놀던 옛 친구들의 목소리가 금시라도 들려 올 것만 같다.

산골에 와서 살면 맑고 은은한 자연의 목소리를 많이 듣게 된다. 메밀꽃이 피는 가을의 석양 들길에서 발바닥이 가렵도록 들려 오는 뭇 풀벌레 소리. 늦가을 깊은 밤에 외양간의 소가 먹이를 되새길 때 목에 달린 요령이 흔들려서 땡그렁땡그렁 들려오는 그윽한 요령 소리. 눈보라치는 겨울 새벽, 문득 잠에서 깼을 때 머리맡에서 가냘프게 떨리는 문풍지 소리. 오뉴월 긴긴 날 진종일 앞뒷산에서 울어대는 뻐꾸기의 피울음 소리. 뜨락에 거목으로 서 있는 벽오동 잎에 여름 소나기가 후드득 듣고 지나가는 소리… 이러한 소리에는 항시 절묘한 여운이 감돌아 무한한 자연의 정취를 느끼게 한다.

그러나 개구리 소리는 그윽하지도 않고 은은하지도 않다. 그런데도 헤아릴 수 없이 많은 개구리 떼들이 깊은 밤에 산천이 떠나가도록 개골개골 울어대는 소리를 듣고 섰으면 어느덧 가슴이 뭉클해지고 마침내 숙연해진다. 개구리 소리에는 울고 웃는 생생한 여항閭巷의 목소리가 있다고 할까. 아니면 정한에 사무쳐 흐느끼다 간 많은 서민의 목소리가 깔려 있다고 할까. 개구리 소리는 남의 불행과 고통뿐만 아니라 심지어 원한까지도 더불어 슬퍼하고 아파하는 공감 같은 것을 느끼게 한다.

나는 젊은 시절 한때 몹시 가슴을 앓으며 수없이 각혈을 했다. 그리고 오랫동안의 안정과 약물요법으로 다시 일어설 수 있었다. 그러나 그때 무슨 인연으로 얻은 크나큰 마음의 상처는 약물복용으로는 도저히 가시게 할 수가 없었다. 그럴 때 세월과 신앙과 음악은 구원의 신이었다. 나는 그 당시 베토벤이나 브람스의 심혼心魂에 열광했으며, 드뷔시와 사라사테의 분위기에 감동했었다. 음악이 주는 환희의 파도와 감격의 눈물은 마음의 상흔傷痕을 서서히 씻어 주었다. 음악을 듣는다는 것은 어쩌면 현실의 울타리 밖에서 즐기는 환상과의 대화일지도 모른다. 음악의 소리에는 자기 망각의 묘한 선율이 있다. 그 선율은 모래 위에 깔린 많은 발자국을 지워 주는 잔잔한 물결과 같다.

개구리 소리는 들떠 있는 마음을 차분히 가라앉힌다. 무엇인가를 생각케 하고 자꾸만 깊은 곳으로 그 생각을 유도해 간다.

음악 소리는 사람의 마음을 허공 속으로 증발시킨다면 개구리 소리는 자기의 참모습을 찾아 스스로 마음의 골짜기를 헤매게 한다.

불가佛家에서의 최고의 이상경을 열반이라고 한다. 열반이라 함은 번뇌의 불길을 불어서 끈다는 취소取消(nirvana)의 뜻이 아닌가. 개구리 소리를 밤이 이슥하도록 혼자 듣고 섰으면 드디어 열반의 경지에서 불사선不思善불사악不思惡을 느끼는 순간을 맛보게 된다. 개구리 소리를 들으며 이러한 순간을 느끼지 못한다면 그는 동양의 진수를 안다고 할 수 없으리라.

인류의 역사는 시간의 선 위에 굴러가는 소리와 모습의 함수 관계라고 할까. 세상이 달라지면 소리도 변하고, 소리가 달라지면 세상도 변해 갔다. 이제 이 지상에서 자연의 소리는 차츰 문명의 소리에 밀려나고 있다. 개구리 소리는 더욱 그렇다. 문명의 소리와 자연의 소리가 조화를 잃을 때 인간 세상은 어떻게 되는 것일까.

문명의 소리가 동動이라면 자연의 소리는 정靜이다. 그리고 개구리 소리는 선禪일지도 모른다. 개골 개골 개골 가르르 갸갸 갸갸. 개구리 떼들이 연신 울고 있다. 나는 먼 훗날 애환을 모르는 한 개 바위가 되어 해마다 제비꽃 필 무렵이 되면 개구리 소리에 부딪치며 침묵에 잠기고 싶다.

돌이 나를 보고 웃는다

돌에도 정이 오가는 것일까.

한동안 버려뒀던 수석이란 이름의 돌들이 저마다 몸짓을 하며 가슴으로 다가온다. 하나하나 먼지를 털고 닦고 손질을 해 본다. 모두 한결같이 돋보인다. 십여 점 되는 돌들이 어쩌면 그렇게도 모두가 개성이 뚜렷할까. 질감이 다른가 하면 색감이 다르고, 선과 굴곡이 서로 상이한가 하면 균형이며 조화며 규모가 또한 다르다. 어찌 그뿐이랴. 오랜 수마水磨와 풍화작용에서 얻은, 돌갗의 세련미며 풍기는 분위기는 더더구나 다르다.

수석인들은 나의 돌을 보고 이것은 산수경석 저것은 폭포석 또 저것은 물형석, 무늬석, 호수석, 괴석 등 온갖 이름을 붙이곤 한다.

허나 나는 아직 돌밭에서 수석을 캐내고 이름을 붙여 부를 만큼 전문적인 식견은 없다. 그저 오가다 문득 마음에 들고 연이 닿아 한점씩 모아왔을 뿐이다. 폭포석 두 점과 경석 한 점에는 정이 더욱 간절하다. 지난날 잠시 영양英陽 땅에 머물렀을 때 왕피천 상류에서 손수 캐내었기 때문이리라.

돌들을 조용히 들여다보면 저마다 감춰온 비밀 같은 것이 있다. 어떤 것은 불덩어리를 식혀온 기나긴 풍상의 세월이 보이고, 어떤 것은 물 밑에서 이뤄온 꾸준한 퇴적의 흔적이 숨어 있다. 또 어떤 것은 땅속에서 압력과 열에 시달리며 변성해 온 아득한 자취가 남아 있다.

돌들을 벗삼아 곁에 두고 묵묵히 앉아 있다. 어느덧 한나절이 지났다.

나는 이미 돌들을 따라 심산유곡을 소요하고 있지 않는가. 숱한 바위 언덕과 벼랑을 넘고 무수한 골짜기도 지나왔다. 험준한 산봉우리를 넘어 지금은 물보라에 옷깃을 적시며 폭포 곁에 서 있다.

그늘진 곳에서 수석들이 슬금슬금 움직이기 시작한다. 어떤 놈은 멧돼지 같고 어떤 놈은 공룡 같고 또 어떤 놈은 주작 같다. 괴물들의 갑작스런 울부짖음에 깜짝 놀라 환상에서 깨어난다.

돌들이 근엄한 표정으로 앉아 있다. 표정 속에 숨어 있는 많은 의미를 찾아 읽어본다.

돌은 비록 속진 속에 굴러도 탈속의 멋이 있고 세상사 온갖 잡음에 부딪쳐도 흔들림이 없다. 항간에 변혁이 생겨 떠들썩해도 태고의 정적을 깨뜨리지 않는다. 돌은 간청해 오는 사람의 심정에 따라 걸맞은 설법을 무언으로 베풀어 주는지는 모른다.

돌들이 차츰 역광을 받으면서 히죽이죽 웃음을 흘리기 시작한다. 왜 그럴까. 인간만사가 꿈같고 허깨비 같아서일까. 아니면 거품 같고 그림자 같아서일까. 사람들이 그토록 집착하는 권세며 명예, 재물이며 지위, 이 모든 가치가 돌 앞에서는 하잘것없는 한갓 아침 이슬이기 때문일까.

이번에는 돌들이 껄껄 웃어댄다. 인간들의 슬픈 희극이 퍽 재미있는 모양이다. 애씀과 땀흘림으로 삶의 탑을 쌓아올리는 사람은 말이 없다. 헌데 위선의 탈, 짐승의 탈, 천사의 탈을 수시로 바꿔 달고 외줄타기 잘하는 사람은 대성했다며 으스대고 다닌다.

마음과 행동과 말이 제각기 따로 노는 잔재주꾼들은 스스로 겨레의 스승이나 된 것처럼 큰소리쳐 댄다.

무소유의 청복을 설파하면서 자신은 은근히 재물을 챙기는 성직자가 득도한 사람이라고 존경받기도 한다. 이 거짓된 인간의 몸짓이 우습다는 것일까.

돌들 언저리에 사람의 그림자가 언뜻언뜻 명멸하고 있다. 조금 전 돌들을 껄껄 웃게 한 부끄러운 인간의 형태들이 어쩌면 나의 변신의 모습인지도 모른다. 심한 자괴를 느끼며 부질없이 떠올렸던 환영을 얼른 지워나간다.

내 감성의 영토 속에 들어온 돌들이 조용히 말을 건네 온다. 뭣을 봤다고, 들었다고, 알았다고 말을 함부로 쏟아내지 말라고 한다. 나는 그 동안 말이 많았다. 이젠 가슴의 뜨락에 묵언의 팻말을 세워둬야 된다고 꾸짖는다.

내 몸은 늘 낮은 데로 임하는 척하면서도 마음 속 깊은 곳에는 항상 자존심이라는 아만이 머물고 있었다. 자존심도 벗어놓고 하심下心 공부를 해 보면 어떻겠냐고 타이른다.

돌들이 한참 머뭇거리다 또 입을 연다. 왜 구름처럼 흘러가지 못하느냐고 따진다. 젊어서는 허황된 야심에 걸렸고, 중년에는 보잘것없는 자리 욕심에 걸렸었다. 지금은 되지도 않는 글짓기 욕심에 걸려서 끙끙거리고 있지 않느냐고 한다. 맞는 말이다. 늘그막에는 훌훌 다 털어버리고 무애의 흉내라도 내보라고 권해 온다.

아직도 욕심 많은 이 촌로가 침묵과 하심과 무애를 어찌 입엔들 담을 수 있단 말인가. 어쩌면 그것이 더 크고 무서운 욕심일지도 모른다.

창 밖에는 땅거미가 깔리고 있다. 오늘따라 왜 자꾸만 흘러온 삶의 유역이 뒤돌아보이는 것일까. 뭣인가를 기다리고 차지하고 붙잡고 있다는 것이 얼마나 허망한 일이었던가. 곧 스치고 지나가는 것을.

전화벨이 요란하게 들려온다. 홀연히 명상에서 깨어난다. 수석들은 한갓 돌멩이로 여전히 내 곁에 굴고 있다. 내일은 팔공산 나뭇잎새에 가을빛이 깃드는 소리나 들으러 가 봐야 겠다.

거룩한 본능

동해안 백암온천에서 구슬령珠嶺을 넘어 내륙으로 들어서면, 산수가 빼어난 고원지대가 펼쳐진다. 여기가 고추, 담배로 이름난 영양英陽 수비首比면이다.

대구에서 오자면 차편으로 근 다섯 시간을 달려야 한다. 이 고을 어귀에는 갑작스레 높고 가파른 재가 있다. 이 재에 오르면 바로 고을수樹가 있고 민가가 취락해 있다. 이 재를 한팃재라 한다. 이 한팃재를 분수령으로 마을 쪽에 떨어지는 빗물은 왕피천王避川을 이뤄 성류굴聖留窟 앞을 지나 동해에 이른다. 재밖으로 비나간 빗물은 낙동강을 따라 남해로 흐른다.

어쩌다 나그네가 이 고을을 찾게 되면, 그 우람한 태백산맥의 산세며 깊은 계곡, 울창한 숲이며 맑은 고기, 깨끗한 물을 보고 우선 감탄하게 된다. 그러나 여기서 발길을 돌려 그냥 되돌아간다면, 그는 무궁한 산정山情의 애무를 아는 사람이라 할 수 없으리라.

왕피천으로 흐르는 석간수를 따라 인적이 드문 산골짜기를 한나절쯤 걸어가면, 화전민의 후예들이 살고 있는 작은 마을이 하나 있다. 마을이라고는 하나 여기저기 산비탈에 농가가 몇 채씩 옹기종기 모여 있는 자연 촌락이다. 이 근방에는 천혜의 절경이 많이 있다. 이곳 사람들은 그 아름다움을 알 까닭이 없다. 어쩌면 이들 자신이 그 절경을 이루는 웅장한 산이며 기암절벽이며 수림이며 산새며 바람소리와 함께, 없어서는 안 될 자연의 한 부분으로 존재하기 때문일까.

이들의 주된 생업은 고추와 담배 농사이다. 철 따라 산채며 약초를 캐고 송이버섯을 따 들리는 것도 빼놓을 수 없는 이들의 큰 부업이다. 그러나 어쩐지 바보가 아니면 달관한 사람만이 살 수 있는 첩첩산중의 이 수하水下 마을.

어느 해 봄. 이 마을에 뜻밖에 황새 한 쌍이 날아 들어왔다. 서식처가 아닌 이 산골에, 꿩이나 산비둘기가 아니면 부엉이나 매 같은 산새들만 보아 온 이 마을 사람들 눈에는 황새가 신기했다. 희고 큰 날개를 여유 있게 훨훨 흔들며 노송 위를 짝을 지어 유유히 날아다니는 품이 정말 대견스러웠다. 기나긴 늦은 봄 오후. 뻐꾸기 울음소리가 빗물처럼 쏟아질 때 마을 사람들은 저마다 하던 일을 멈추고 잠시 숨을 돌린다. 이럴 때 이들의 화제는 개울가에 먹이를 찾아 서성거리고 있는 황새에 쏠린다. 붉은 주둥이와 긴 목, 새하얀 털로 덮인 날개 밑에 쭉 뻗어 내린 검붉은 두 다리. 황새의 자태는 과연 군자의 모습이었다.

마을 사람들은 이 황새가 길조라고 믿고, 그들은 무엇인가 막연한 기대에 부풀곤 했다.

그러나 변이 생겼다. 낙엽이 질 무렵 어느 날 아침, 이 마을을 지나가던 밀렵꾼이 황새를 보고 총을 쏜 것이다. 놀란 마을 사람들은 아침을 먹다 말고 황새 둥우리가 있는 노송 숲으로 뛰어나왔다. 밀렵꾼은 도망가고, 황새 한 마리가 선지피를 흘리며 마른 억새풀 위에 쓰러져 있다. 그리고 살아남은 짝은 어디론가 날아가 버리고 없다. 그 밀렵꾼에게는 황새가 박제 표본감이나 아니면 돈으로 보였을까. 마을 사람들의 분노와 원성은 여간 아니었다. 그러나 다행히도 황새가 죽지는 않았다. 한쪽 날개가 못쓰게 될 만큼 다쳤던 것이다.

어질고 소박한 마을 사람들은 그 황새를 안고 와서 온갖 정성을 다해 치료를 했다. 그리고 날개 상처가 아물고 힘을 되찾을 때까지 그 황새를 물방앗간 옆뜰 소나무 밑에 갖다 두고 보호하기로 했다. 이들은 그날로 둥우리를 만들고 모이 그릇도 마련했다. 그러나 황새는 쓰러져 움직이질 못했다.

그날 밤, 구장집 사랑에 마을 사람들이 모였다. 이들은 밤이 이슥하도록 황새를 살려 볼 궁리를 했다. 그리고 밀렵꾼을 저주하다가, 드디어 인간의 잔악한 일면을 저마다 나름대로 뉘우쳐 보기도 했다.

밤바람이 일기 시작했다. 지창에 갈잎이 날려와 부딪힌다. 그런데 귀에 설은 애달픈 새의 울음소리.

끼룩끼룩 끼 끼룩 끼루루.

가슴을 깎는 처절한 이 울음소리를 듣고 모두들 말없이 뜨락으로 나왔다. 가을 밤 하늘에 찬란한 별들. 그 별빛에 흰 깃을 번쩍이며 황새 한 마리가 물레방아 주위를 이리저리 애타게 날고 있는 것이 아닌가. 총소리에 놀라라 도망갔던 황새가 돌아온 것이다. 그러나 황새는 이제 인간이 두려워서, 쓰러져 누워있는 자기 짝에게 함부로 접근할 수 없는 모양이었다. 가슴이 뭉클해진 마을 사람들은 자리를 피해 주려고 묵묵히 저마다 집으로 돌아갔다. 그래도 황새는 연신 목에 피가 맺히도록 울어댄다. 끼룩끼룩 끼 끼룩 끼루루. 그날 밤늦도록 화전민 후예들의 지붕 밑에 호롱불이 꺼지지 않았다.

이튿날 날이 밝자, 이들은 그 부상당한 황새를 그들의 둥우리가 있던 노송 밑에 갖다 뒀다. 가련한 황새가 사람의 눈을 피하여 서로 어울리도록 하기 위함이었으리라.

그러던 며칠 뒤, 무서리가 몹시 내린 어느 날 아침, 기이하고 처참한 변이 또 생겼다. 이들이 그렇게도 알뜰히 보살펴 온 그 한 쌍의 황새가 서로 목을 감고 싸늘하게 죽어 있는 것이 아닌가. 소문을 듣고 달려 나온 마을 사람들은 이 슬픈 광경을 보자 갑자기 숙연해졌다. 그리고 저마다 무엇을 느꼈음

인지 착잡한 심정으로 한참 말이 없었다. 황새도 영물일까. 산골의 날씨는 무섭게 추워지려는데 짝을 버리고 혼자 남쪽으로 갈수 없었던 황새의 정. 조류鳥類에 따라서는 암수의 애정이 별스런 놈도 있지만 그것이 모두 그들의 본능이라 했다. 그러나 어쩐지 그들의 하찮은 본능이 오늘따라 인간의 종교보다 더 거룩하고 예술보다 더 아름답게 느껴지는 까닭은 무엇일까.

바위

어쩌다 금오산 기슭에 와 살고 있다. 세월이 갈수록 금오산에 빨려드는 정이 은근히 깊어감을 느낀다. 산도 삶과 같아서 정을 주면 정이 되오기 때문일까.

금오산은 산세도 빼어나고 수목도 아름답지만 그 많은 바위들이 각별히 사람의 마음을 붙드는 것 같다. 어느 해 가을 문우 K형이 금오산에 오르다 문득 말을 건네 왔다. "금오산도 역시 개골산皆骨山이군요" 퍽 공감이 갔다. 나는 오늘도 금오산의 바위를 찾아 계곡을 따라 오르고 있다. 금오산은 바위산이다. 어쩌면 나는 바위가 좋아서 금오산을 사랑하는지도 모른다. 마침내 금오산 바위를 좋아하던 나머지 어디에 있든 바위라면 나는 모두 호감을 갖게 됐다. 이제 나는 바위 예찬론자가 된 셈이다. 왜 그럴까. 바위의 속성 때문일까. 아니면 바위의 분위기 때문일까. 어쩌면 바위가 지닌 무덕無德의 덕德 때문인지도 모른다.

바위는 조화調和의 명수다.

바위가 산에 있으면 온갖 수목과 어울려서 산세를 돋보이게 한다. 바위가 계곡에 있으면 흐르는 물과 더불어 산의 경관을 아름답게 한다. 바위가 들에 서 있으면 나부끼는 억새와 정동靜動의 대비로 살아 있는 자연의 구도構圖를 보게 한다. 바위가 바닷가에 솟아 있으면 무시로 물결이 와서 부딪치는가 하면 소리와 바람도 와서 부딪쳐 생명의 역동을 느끼게 한다.

바위가 없는 산, 바위가 없는 계곡, 바위 없는 들과 바닷가는 얼마나 적막하고 황량할 것인가. 바위는 마침내 산이 창조한 예술작품 중에서 가장 뛰어난 걸작품일지도 모른다. 내가 사랑하는 금오산도 따지고 보면 기암절벽의 바위덕으로 명산이 된 것 같다.

바위는 집념의 화신이다.

바위는 오랜 인고의 시간이 다져져서 마침내 고체화된 세월의 모습이다. 어떤 바위는 불덩어리를 식혀 온 기나긴 풍상의 세월이 감춰져 있고 또 어떤 것은 물밑에서 꾸준히 이뤄온 퇴적堆積의 흔적이 있다. 또 어떤 것은 땅 속에서 압력과 열에 시달리며 변성해 온 아득한 자취가 남아 있다. 그래서일까. 바위를 응시하고 서 있으면 무거운 침묵이라 할까. 강렬한 의지라 할까. 장구한 세월 같은 것이 전달돼 온다.

예나 지금이나 사람들은 오랫동안 간직하고 싶은 강한 의지라든가 집념 같은 것이 있으면 그것을 바위나 돌에 새겼다. 이름 없는 신라의 두 젊은이가 나라에의 충성과 면학의 뜻을 돌에 새겨서 지금까지 전해져 내려오고 있지 않은가. 우리는 그것을 '임신화랑서기석壬申花郎誓記石'이라 부르고 있다. 만주의 허허발판 통구通溝 땅에 우뚝 서 있는 광개토대왕비도 무엇인가를 영원히 알리고자 한 집념의 표현이 아니던가.

고대 문명은 바위 문화로부터 개화되기 시작했다. 이집트의 피라미드가 바위 문화의 꽃이라면 잉카의 마추피추성城은 바위 문화의 열매이리라. 아테네의 파르테논 신전이나 나체 조각상이 바위를 깎아 만든 예술이라면, 돈황의 석불은 바위 문화의 진수가 아닐까.

바위를 한참 바라보면 마침내 바위 속에 응집해 있던 무량의 시간들이 폭풍으로 돌변해서 가슴을 흔들고 지나가는 것을 느낄 수 있다. 어떤 것은 원을 그리며 지나가는가 하면 어떤 것은 직선을 그으면 지나간다.

또 어떤 것은 점선으로 고리를 이으며 지나가는 것을 볼 수가 있다. 우주적 시간과 역사적 시간 그리고 실존적인 시간들이 저마다 모습을 달리하고 있는 것 같다.

바위는 염원의 상징이라 할까.

인간은 미완의 염원이나 정한이 맺힌 비원은 돌이나 바위에 담아서 남겼다. 볼귀의 남편을 기다리며 동해안 산마루에 올라 날마다 먼 바다를 바라보다 끝내 바위로 굳어 버렸다는 박제상朴堤上의 아내 망부석의 전설은 무엇을 의미하는 것일까.

옛 사람들은 영생이나 환생의 소망 때문에 고인돌을 생각해 냈는지도 모른다. 사람은 권태를 달래기 위해서라 할까. 허무를 극복하기 위해서라 할까. 아니면 죽음의 공포에서 해탈하거나 구원을 받기 위해서라 할까. 아무튼 종교를 창안해냈다. 종교가 있는 곳에는 그 종교의 표상과 불멸의 번창을 위해서 바위 문화가 등장한다. 그 대표적인 것이 탑이리라.

나는 시방 금오산 정상 부근에 있는 마애보살상 앞에 와 서성거린다. 온갖 상념이 머리를 스친다. 고려인들은 얼마나 절절한 염원이 있었기에 이 후미진 곳의 거대한 바위에 보살상을 새겼을까. 얼마나 많은 사람들이 기원을 드리다 흙으로 돌아갔을까. 나뭇잎을 흔들고 지나가는 바람결엔 미완의 염원 소리가 묻어 있다.

바위에는 무설無設의 설說이 숨어 있다.

마침내 금오산 정상의 약사암에 와서 머뭇거리다 바위 위에 앉아 쉬고 있다. 이곳은 온통 바위로 솟아 있다. 바위는 언제 어디서 봐도 항상 그 모습 그대로 있을 뿐이다. 바위는 교만과 자랑이 없는가 하면 불평도 다툼도 없이 그저 존재한다는 자기 몫을 다하여 묵묵히 있을 뿐이다. 때때로 바위는 표리부동한 인간의 모습과 조석으로 바뀌는 인심을 보고 히죽

히죽 웃기도 한다. 바위에는 불사선不思善, 불사악不思惡, 불사고不思苦, 불사락不思樂을 알리는 침묵의 언어들이 달려 있다. 이윽고 바위와 무언의 대화를 살며시 나눠 본다.

'마음의 평온은 어디에서 오는가.'

바위에서 화답이 온다.

'누가 당신의 마음을 흔들고 있는가.'

또 물어 본다.

'삶의 주제는 무엇이어야 하는가.'

엉뚱한 답이 온다.

'누가 당신을 현혹시켰는가.'

다시 질문을 던져 본다.

'영원한 진리란 무엇인가.'

화답이 온다.

'누가 당신을 장님으로 만들었는가.'

강한 산바람이 괴성을 지르며 지나간다. 환상에서 깨어나 바위를 바라본다. 바위는 여여불변한 바위로 있을 뿐이다. 나도 먼 훗날 바위이고 싶다.

맥문동 곁에 앉아

식물도 사람처럼 정을 주면 정으로 화답해 오는 것일까.

나는 지금 맥문동 곁에 앉아 요것들의 겸손하고 아름다운 맵시에 홀려 애정을 쏟으며 교감을 나누고 있다. 요것들이 저마다 꽃대를 밀어 올려 시방 비취옥을 촘촘히 달고 있다. 바람이 일 적마다 옥이 부딪치는 소리가 맑고 향기롭게 들리는 듯하다.

내가 살고 있는 아파트 단지에는 담벼락 언저리며 나무 그늘이며 화단 축대 돌 틈 사이에 맥문동이 지천으로 자라고 있다. 내가 바깥출입이 잦고 산행을 즐길 땐 요것들은 눈에 잘 띄지 않는 한갓 들풀이었다. 허나 근년에 와서 한가한 시간이 많아 집 둘레를 산책하면서 이들을 만나게 됐다.

싸락눈 같은 개망초꽃이 피기 시작할 무렵 맥문동의 새 잎새들은 신선하고 청초했다. 부추 같으면서 부추보다 세련되고 난초 같으면서 난초보다 강인한 풀. 보리맥麥, 문 문門, 겨울 동冬. 그 이름만 봐도 강하고 질긴 생명력을 느낄 수 있다. 그래서 불사초不死草라고도 하고 뿌리는 귀한 한약재가 되는 걸까.

한 줄기 세찬 바람이 지나간다. 맥문동 잎새들은 서로 손을 잡고 흔들며 까르르 한바탕 웃음보를 터뜨린다. 나도 따라 웃는다.

한 해 동안 이들의 변신은 다양했다. 매미 떼가 높은 음으로 짧은 생을 격렬하게 울어댈 때 무슨 일인지 궁금해서 이들은 보랏빛 꽃대를 들어올려 사방을 살폈다.

하늘을 가리고 섰던 나무숲에서 성긴 햇볕이 새어 나오면 보랏빛 꽃봉오리들은 일제히 노랑 빛깔의 꽃잎으로 피어났다. 이들의 쪼그마한 꽃잎에도 벌떼들이 찾아와 꿀도 따고 꽃술의 연맺음도 베풀곤 했다.

갈잎나무들의 이파리가 저마다 꼬마 화백이 되어 가을 그림을 절묘하게 그려 갈 즈음 꽃대에는 어느덧 이렇게 비취옥이 주렁주렁 달리게 된 것이다.

이들의 열매를 응시하다 말고 문득 시간의 발자취를 발견한다. 이미 진초록 빛깔 속에 검은빛이 끼어들고 있지 않는가. 불현듯 나의 지나간 세월의 그림자가 맥문동 잎새 위에 얼비친다.

날라리 불며 떠돌아다니는 남사당처럼 나는 열두 고을을 옮겨가며 교편생활을 했었다. 낯선 땅으로 전근이 되면 그 곳 인심에 정을 주기 전에 그 곳 자연을 사랑하고 애정을 쏟았다. 그러다 보면 그 곳 자연도 인심도 나를 좋은 이웃으로 받아들여 정을 붙이게 했다.

웬일일까. 가슴 깊이 다가왔던 감동의 순간들이 먼지를 털고 일어나 눈앞을 스친다.

오십여 년 전 처음으로 교단에 섰을 때 밤하늘의 별같이 초롱초롱했던 남녀 학생들의 그 빛나던 눈망울들.

부석사의 새벽 종소리가 온 천지를 쿵쿵 울려 퍼져 지나간 다음 새어나온 여음이 워웅 워웅 이슬비로 쏟아져 내려 풀꽃으로 피어나던 환상.

논둑에 제비꽃이 점점 깔려 갈 무렵 무논에서 무량수의 개구리들이 개골개골 가르르가르르 갈갈갈갈 산천을 흔들며 우는 소리.

칠포 100번지 할매 횟집에서 확 트인 동해를 바라보며 수필동인들과 소주며 돈지회를 먹던 그 낭만의 멋.

황혼이 깃든 비슬산 산자락에 불어오는 소슬바람과 나부끼는 억새꽃 물결.

대가야 고분군을 스치는 바람결에 홀연히 묻어나는 대가야 문화의 향기.

호미곶 망망한 바다 끝에 커다란 불덩이가 불쑥 솟아올라

온 바다를 산호와 황금으로 출렁이게 하는 장엄한 해돋이 광경.

친구와 말술을 퍼 마시고 야삼경에 거리로 뛰쳐나와 노래 부르며 휘젓고 다니다 통금에 걸렸다. 그들이 폭음한 것은 유달리 밝은 보름달이 유죄요 너무나 슬피 우는 소쩍새가 공범이라며 치안 책임자를 설득해서 무사 귀가케 한 따뜻하고 다정한 산골 인심.

해마다 봄이면 금오산 뻐꾸기의 한 많은 울음소리가 사무실 유리창에 부딪쳐 빗물처럼 쏟아져 내렸다. 그 때 나는 만해의 「님의 침묵」을 읊조리고 있었던가.

근처에서 놀고 있던 비둘기 한 쌍이 푸드득 머리 위로 날아오른다. 맥문동 잎새들이 와~ 환성을 지른다. 요것들이 나를 깨우치며 데리고 논다고 할까. 까맣게 잃어버렸던 지난 삶의 보람 기쁨 행복…… 회상의 편린들이 오늘 비로소 텅 빈 가슴에 강물로 출렁인다.

이제 상강이 지나면 무서리가 내리고 찬바람이 불어올 것이다. 어느 날 낙엽이 흩어져 땅위에 뒹굴 때 맥문동은 반짝반짝 빛나는 흑진주를 꽃대에 감고서 다소곳이 앉아 있을 것이다. 그리운 정인을 기다리듯이.

어언간 결실의 계절은 지나가고 눈발이 날고 칼바람이 불며 혹독한 추위가 쳐들어온다. 요것들은 몸을 땅에 깔고 진주알을 떨어트리며 추위를 견뎌 낸다. 안으로 새봄의 꿈을 키우면서.

봄, 여름, 가을에는 나날이 새롭고 또 날로 새롭게 살다가 겨울엔 나날이 덜어내고 또 날로 덜어내는 맥문동의 지혜. 의식 없는 요것들은 자연대로 살아갈 뿐이지만 내게는 공맹의 사상과 노장의 철학을 문득 떠올리게 한다.

마침내 빈 꽃대를 받들어 안고 쉽게 월동해 가는 맥문동의 허허한 모습이 슬기의 등불로 어둠을 밝혀 주리라.

老骨의 消日

아침 늦도록 잠을 잤는데도 몸이 개운치 않다. 불면증 때문일까.

평소의 관습대로 세수며 기도며 조반을 마치고 거실에 나와 앉아본다.

신문을 대충 훑어보고 휴지함에 버린다. 괜히 착잡한 상념이 머릿속에 뒤엉켜든다. 동해와 서해 양안에서는 첨단 기술과 경제 성장으로 함성이 요란한데. 우리의 배는 동승자들의 끼리끼리 싸움으로 표류하고 있는 것은 아닐까. 어쩌면 새 지평을 열기 위해 세상이 한 번 요동치는 걸까. 우리 후속들이 황량한 것 같기도 하고, 풍성한 것 같기도 한 상반된 모습으로 안막에 슬쩍 비쳐온다.

햇살이 퍼지면 집을 나와 아파트 뒤켠에 있는 자그마한 숲을 돌아본다. 이때가 가장 조용하기 때문이다. 초 · 중 · 고 학생들은 학교로, 직장인들은 일터로, 꼬마들은 유치원으로 죄다 나가버리고 단지는 텅 비다시피 된다. 늙은이들이 한두 분 어슬렁거리고 다니지만. 빼곡히 차있던 승용차들도 썰물처럼 빠져나가고 드문드문 남아있는 차들은 피로에 지친 나귀 마냥 눈을 감고 서있다.

단지 내의 숲은 감나무 · 은행나무 · 느티나무……등 갈잎나무 20여 그루, 그리고 소나무 · 사철나무 · 히말라야시다……등 늘푸른나무 여남은 주가 있을 뿐이다. 그래도 그곳엔 나무말고도 흙이 있다. 산에서 옮겨온 바위들이 여기저기 놓여있는가 하면 후미진 곳엔 낙엽도 쌓여있다. 바위 곁에는 불사초들이 시퍼렇게 살아서 엄동을 견디고 있지 않은가.

때때로 참새며 비둘기며 박새…… 등 텃새들이 찾아와 지저귀고 쥐와 들고양이가 들락거린다. 사방이 고층 아파트로 성벽을 이루고 있지만 이마를 조금만 뒤로 들어올리면 늘 파아란 하늘이 높이 떠있다.

나는 흙을 밟아보는 재미로 좁은 숲 속을 돌고 또 돈다. 흙을 밟으면 지심이 온 몸에 전류처럼 찡하게 번져온다.

몸에 세월의 무게가 쌓여갈수록 움직이는 공간은 좁혀지는 걸까. 현직에 있을 땐 연수니 시찰이니 하며 해외 나들이를 해봤다. 퇴직 후에는 아내와 관광을 한다며 외국을 들락거렸다. 고희를 전후해서는 건강을 다진다며 친구들과 산을 탔다. 팔순을 앞에 두고선 인근 야산을 오르다가 그것도 힘겨워서 집 근처 대학 캠퍼스를 돌았다.

지금은 혹한이 두어 번 지나간 섣달의 겨울. 추위가 두려워서 단지내 숲을 돌며 흙을 밟고 있다. 돌멩이도 밟고 낙엽도 밟고 어쩌면 위선으로 얼룩졌을지도 모를 나의 덮개도 벗어 던져서 밟아본다. 영욕과 부침으로 울고 웃으며 살아온 지난날의 회억도 이젠 밟아버린다.

사람에겐 누구나 마음 깊숙한 곳에 욕망의 불씨가 숨어있다. 이를 불어서 끄면 니일바나(nirvana)라 하여 열반이 되고 죽음이 된다. 그러니 욕망의 불씨는 곧 생명의 불씨가 아닌가.

다만 이 불씨가 오만五宮으로 번져서 활활 타오르면 눈은 언제나 높고 귀하고 현란한 곳에 머물게 된다. 귀는 듣기 좋은 소리엔 열리고 쓴 소리엔 닫혀버린다. 코와 입은 기름지고 향기롭고 맛있는 음식에 탐닉하게 된다. 몸은 젊고 아름답고 부드러운 살결과 접촉하기를 바란다. 이쯤 되면 노골老骨은 인간 추물이 되기 일쑤다. 해서 이 노골은 평범한 서민으로 살아가기에 알맞도록 욕망의 불씨를 또닥또닥 밟아둔다.

바위에 걸터앉아 겨울 나무를 응시해본다. 잎새를 훌훌 다 털어 버린 나목들은 알몸을 훤히 드러내놓고 섰다. 휘어져나간 가지, 굽었다 솟아오른 가지, 뒤틀려 꼬인 가지…… 그러면서 균형과 조화와 통합을 이룬 절묘한 나무의 구도에 감탄하게 된다.

나목들은 동안거冬安居에 들어간 듯 무념 무상의 자태로 결연하게 서있다. 그 모습이 장엄하고 비장하기 그지없다. 늘푸른나무들은 넉넉하고 풍요로운 자세로 나목들을 감싸주듯 찬바람을 막고 섰다.

겨울 나무들은 봄을 기다리지 않는다. 그저 설한 속에서도 쉬지 않고 호흡하며 조용히 수액을 돌리고 있다. 봄은 때가 되면 스스로 찾아오기 때문에. 이들에겐 묵시가 숨어있다. 꿈이 있는 사람은 나날을 새롭게 살아갈 뿐, 기다리지 않아도 올 것은 다 온다는 뜻일까.

숲 속의 외물들이 나의 감성의 영토에 들어오면 침묵을 깨고 저마다 움직이며 말을 해온다. 오늘은 바위가 내 귀에 대고 속삭이는 소리가 내 심혼을 흔든다. '노골이 되면 잘 아는 것도 모르는 척 바보처럼 살아라. 져주고 양보하는 것이 원만하게 사는 비결이다. 지난 날은 모두 잊어버리고 자기 자랑 얘기는 하지 말라. 재물이며 명예에 관해선 꿈에도 생각하지 말라…….' 이렇게 되면 노선老仙이 되는데 나에겐 아직 자신이 없다.

집에 돌아와 마음에 점을 찍고 한숨 낮잠을 즐긴다. 잠이 깨면 읽다둔 책을 들고 용을 써보지만 읽을 때뿐, 머리에 남는 게 없다. 원고지를 앞에 놓고 끙끙거려봐도 몇 줄 나가다 막혀버린다. 밤에 다시 시도하기로 하고 밀쳐둔다.

석양에 다시 숲을 찾아간다. 그러나 분위기는 영 딴판이다.

동네 개구쟁이들이 모두 나와 온갖 장난을 치며 떠들고 논다. 내 어린 시절의 친구들 모습이 문득 눈앞을 스친다.

갖고 나간 좁쌀과 과자 부스러기를 늘 뿌려주는 장소에 갖다 흩어놓는다. 어제 것은 흔적도 없이 사라졌다. 한 마리 새라도 창자에 기별이 갔으면 좋겠다. 불현듯 알량한 마음씀이 스스로 부끄러워 생각을 얼른 지워버린다.

어느덧 꼬마들은 집으로 돌아가고 숲에는 또다시 적막이 깔려온다. 나도 귀가하고 밤이 깊어지면 아파트 창문마다 등불이 꺼질 것이다. 심야에는 이 숲에도 달과 별이 찾아와 밀어의 향연을 베풀다 갈 것이다.

내일은 623번 시내버스를 타고 도심을 돌고 돌아 종점인 검단동에 가볼 것이다.

거기선 강둑을 거닐며 무리를 따라 남쪽으로 떠나지 못한 백로와 왜가리의 슬픈 사연을 헤아려보리라. 겨울 금호강의 정취에도 흠뻑 젖어볼 것이다.

그리고 멀리 하늘과 땅이 맞닿아 그려놓은 아름다운 능선을 마음으로 소요해 볼까싶다. 비록 천지에 가득 찬 묵언을 한 자락도 읽어내지 못할지라도.

파한破閑 나들이

어느덧 꽃은 가고 새 잎새들이 지천으로 피어났다. 잎새들은 실바람에도 크게 몸짓을 하며 풋풋한 향기를 뿌리고 있다.

봄의 환희 때문일까. 가슴 저변에 잔잔한 감동의 물결이 인다. 집에 그냥 틀어박혀 있을 수가 없다. 나는 긴 겨울잠에서 깨어난 늙은 곰처럼 멍청한 눈을 굴리며 거리로 나가본다.

지난 겨울에는 바깥나들이를 자제하며 아파트 단지에 있는 작은 숲속을 돌아다녔다. 흙을 밟아보는 즐거움으로 돌고 또 돌았다. 돌다보니 흙도 밟고 돌멩이도 밟고 쌓여 있는 낙엽도 밟게 됐다. 마침내 헛된 아집도 숨어 있는 아마도 밟고 밟았다. 또한 때로는 살며시 고개를 들어올리는 부질없는 욕망도 밟고, 영욕의 희억도 밟아버렸다. 그래서일까. 몸이 가벼워지고 마음에 걸림이 없어 엄동을 잘 났다.

623번 시내버스를 타고 도심으로 나가본다. 차내의 승객들은 화창한 날씨와 신록의 향기에 취했음인지 시끄러운 세상사에는 아랑곳없이 해맑은 표정들이다.

차장 밖을 내다본다. 도로 양켠에는 높고 낮은 건물들이 즐비하게 섰다. 건물마다 달고 있는 별의별 색깔, 별의별 글귀, 별의별 모양을 한 간판들이 나의 안막으로 뛰어 들어온다. 어떤 것은 미소를 지으며 손짓을 하고, 또 어떤 것은 한번쯤 들러달라고 호소하는가 하면, 또 어떤 것은 죽을 지경이니 꼭 찾아와 달라며 소리치기도 한다. 다닥다닥 붙어 있는 간판들을 한낮에 보면 어지러운 도시의 낙서 같기도 하지만 밤에 보면 역시 현란한 도시의 꽃이라 하겠다.

차는 벌써 서문시장을 지나고 있다. 여기서 온갖 상품이 거래된다. 돈이 되는 것이라면 뭣이든 팔려나간다. 가짜도 진짜도 사고 판다. 때론 부정과 해악도 매매된다. 이것이 사람 사는 세상의 모습임에랴.

난 요즘 먼지 일고 공기 탁하고 복잡하고 시끄러운 시장바닥에서 더없이 아름다운 인간의 향기를 체감하며 살아 있음의 기쁨을 느끼곤 한다. 향기라 하면 사람들은 흔히 인조 향수의 향기, 수목의 향기, 꽃향기, 동양란의 향기를 든다. 또 어떤 사람은 침향을 최고로 칭송하기도 한다. 하지만 나는 어떤 계기로 인간의 땀과 눈물, 사랑과 원망, 인간의 온갖 행동에서 묻어나는 냄새가 향기의 으뜸임을 알게 됐다.

차는 계산성당을 바라보고 가다 옆으로 꺾어 돌아간다. 문득 옛 생각이 날아든다. 젊은 시절 길을 가다 신부 묘지 앞을 지나간 적이 있다. 묘지 입구엔 큰 돌기둥이 두 개 서 있었다. 한 기둥에는 'HODIE MIKI', 또 한 기둥에는 'CRASS TIBI'란 글귀가 음각되어 있었다. 나는 그 뜻을 몰랐다. 인근 성당을 찾아가 신부에게 물어봤다. 호디에미끼는 'Today to me'요, 끄라스띠비는 'Tomorrow to you'라는 라틴어라 했다.

그 순간 머릿속에는 별별 의미들이 구름처럼 모여들었다. 오늘은 내 날이요, 내일은 네 날이다. 오늘은 내가 늙었지만 내일은 너도 늙으리. 오늘은 내가 죽어 여기에 묻혀 있지만, 내일은 너도 죽어 여기에 묻히리. 영고성쇠는 돌고 돈다. 생과 사는 순환한다. 나는 이 격언을 읽고 불현듯 '키케로'의 명언을 떠올렸다. "젊은이들이여, 우리 함께 하자. 당신들은 새로운 기운이 있고 우리에게는 경험과 지혜가 있다."

차는 칠성시장을 지나서 경대교를 통과하고 있다. 차에서 신천 냇가를 내려다본다. 굴다리 밑과 둔치 여기저기에 청장년들이 한낮인데도 하릴없이 우글거리고 있다. 저들의 서러움과 아픔을 깊이 알면서도 아무것도 할 수 없는 내가 한없이 부끄럽고 괴롭고 슬프구나. 내 스스로가 가긍해서 눈시울이 왈칵 뜨거워진다. 참 정치란 결코 투쟁이 아니고 헌신 또 헌신이어야 하리라. 그럴 때 저들은 제자리로 돌아가 사람다운 삶을 누리게 되지 않을까.

경북대학교 서쪽 문을 지나 체육관으로 차는 무심히 달리고 있다. 우리나라의 교육문제는 신도 해결 못한다고 한다. 왜 그럴까. 교육 그 자체가 목적이 아니고 도구로 변질했기 때문일까. 도구의 질 여하가 재물과 권력 명예와 존경을 얻어내는데 하늘과 땅만큼 차이를 낸다. 그러니 한국의 교육은 가난의 한, 천대의 한, 수모의 한, 상승의 한을 풀기 위한 해한작업이 아니고 뭣이랴. 근본을 손대지 않고 무슨 수로 이 시퍼런 한을 달랠 수 있을 것인가.

파한 나들이를 나왔다가 괜한 상념만 뇌리에 가득 채우게 됐다. 털어 버려야지. 눈을 감고 묵상에 잠겨본다. 차는 내 몸을 흔들며 도시의 뒷골목을 돌고 돌아서 검단동 종점에 와 닿았다.

강둑에 올라왔다. 황량한 내 가슴을 적시며 흐르는 금호강을 바라보다 나도 따라 흘러본다. 왜가리며 물새들이 유유히 날아다닌다. 나도 따라 날아본다. 인근 야산에서 뭇 새들이 지저귄다. 나도 비음으로 흥얼거려 본다. 강둑에는 제비꽃, 붓꽃, 이름 모를 들꽃들이 흐드러지게 피어있다. 들꽃은 종이 많아 늦가을까지 피고 지는 모양이다. 저들은 모두가 하나의 큰 생명체에 닿아 있는 한순간의 모습이리라.

퇴락 되기 그지없는 민가와 판잣집을 지나 인근 야산에 올라가 본다.

산은 윤기가 반들반들한 신록으로 뒤덮여 있다. 소나무, 느티나무, 상수리나무…… 등 수종이 다른 나무들이 서로 팔을 벌려 옆 나무의 겨드랑이까지 뻗쳐 들어가 있다. 그래도 부딪힘 없이 상생하는 나무의 연리지連理枝 현장에 감탄한다. 또 땅 밑은 어떠랴. 온갖 나무뿌리들이 서로 뒤엉켜 저마다 다툼 없이 자양분을 빨아올리고 있지 않는가.

맑고 깨끗한 공기, 살랑살랑 불어오는 바람, 잎새에 쏟아져 내리는 햇볕…… 나는 이 순간 분복에 겨워 눈을 감고 자연에 감사드린다. 귀천하지 않아도 하늘나라가 여기에 있다. 나는 지난해 늦가을 저승나들이를 해 봤다. 내가 본 저승에는 극락도 지옥도 없었다. 저승사자도 천사도 없었다. 저승은 시공이 없는 무화無化의 원점이었다. 가장 그리운 것은 사람이요, 나무요, 풀이요, 자연이었다. 천국과 무간지옥이 있다면 저승이 아닌 이승에 있고, 내 마음속에 있으리라. 나는 차를 타고 예까지 오며 몇 번이나 천국과 지옥을 내왕했는지 모른다.

이승은 곧 자연이다. 자연은 모성의 품속같이 따뜻하고 생명의 고향처럼 편안하다 하리.

下心

고려 말 어느 해 늦가을, 한 유생이 오대산으로 나옹선사懶翁禪師를 찾아왔다.

선사는 보이지 않고 암자 빈 뜰엔 낙엽 흩어지는 소리만 적막을 더했다. 그 유생은 젊은 나이에 문과에 장원급제해서 벼슬길에 올라있었다.

그는 집안 좋고 머리가 뛰어난데다 홍안에 높은 관직까지 얻었으니 기고만장하고 안하무인일 수밖에. 고려국에선 감히 나를 당할 사람이 누가 있겠는가. 자부심으로 꽉 차있었다.

그즈음 개성 도읍에 나옹선사의 토굴가가 대유행을 해서 민심을 흔들었다. 그렇잖아도 공민왕의 왕사인데다 온 백성의 존경을 받고 있는 터에 토굴가로 사람 입에 회자되고 있으니 유생의 심기가 뒤틀렸다.

'제까짓 중놈이 알면 얼마나 안다고. 내가 혼쫄을 내줘야지.'

이런 심사로 말을 달려 찾아왔던 것이다. 선사의 토굴가는 이러했다.

> 靑山兮要我以無語 청산은 나를 보고 말없이 살라하고
> 蒼空兮要我以無垢 창공은 나를 보고 티 없이 살라하네
> 聊無貪愛而無憎兮 탐욕도 벗어놓고 성냄도 벗어놓고
> 如水如風而終我兮 물같이 바람같이 살다가 가라하네

암벽 위에서 좌선을 마치고 내려온 선사가 유생을 보자 조용히 그에게 다가와 머리 숙여 합장하며 인사를 한다.

–대관께서 어인 일로 예까지 오셨습니까.

–스님께서 고려국 최고의 선지식이라 하니 내 평생 간직할 좌우명 하나 얻으려 왔습니다.

선사는 미소를 지으며 나직하게 타이르듯 말한다.

–제악막작 중선봉행諸惡莫作 衆善奉行하시지요.

선사는 이미 오만하고 도도한 젊은 벼슬아치의 속마음을 읽고 있었다.

–온갖 죄 짓지 말고 착한 일 많이 하라는 것은 삼척동자도 다 아는 사실인데 그 따위를 장원급제한 나에게 좌우명이라고 가르쳐 주신단 말입니까.

–삼척동자도 다 아는 사실이지만 팔십 노인도 실천하기는 어려운 법입니다. 대관께서는 백문이불여일견百聞而不如一見을 아시지요. 그러나 한 경지 더 높이면 백견이불여일각百見而不如一覺이지요. 백 번 보기보다 한 번 깨치는 것이 더 나은 것입니다. 또 한 경지 높이면 백각이불여일행百覺而不如一行이지요. 백 번 깨치는 것보다 한 번 실천하는 것이 더 낫다는 뜻이 아닙니까.

그 유생은 백 번 깨우쳐도 한 번 실천하는 것보다 못하다는 노승의 말씀에 정신이 아찔했다. 나랏일에는 백 마디 요란한 말보다는 한 가지 실천이 더 중요하다는 것을 온몸으로 깨달았다. 유생은 진심으로 승복했다.

–왕사님 훌륭한 좌우명을 내려 주셔서 고맙습니다. 평생토록 간직하겠습니다.

선사는 젊은 벼슬아치를 당신의 처소로 안내했다.

–기왕에 이 먼 암자까지 오셨으니 산승의 녹차나 한 잔 공양하시고 돌아가시지요.

선사는 유생 앞에 사발 같은 찻잔을 내놓고 큼직한 청동 주전자를 번쩍 들어 차를 따르면서 먼 산을 바라본다.

암자 뜰에는 연신 낙엽이 후드득 쏟아지고 있었다. 찻잔에 물이 넘치고 또 넘쳤다. 마침내 방바닥에 찻물이 흘러 방석도 물에 젖고 방에 놔뒀던 책자들도 찻물에 젖었다. 유생은 스님의 손목을 두 손으로 붙들고 놀란 듯이 말한다.

–왕사님, 왜 이러십니까. 찻물이 넘쳐서 지금 방안이 엉망이 됐습니다.

노승은 이윽고 꾸짖듯 근엄하게 입을 연다.

–그대는 어찌하여 작은 찻잔에 찻물이 넘쳐서 방을 망치는 것은 볼 줄 알면서 작은 머리통에 지식이 넘쳐서 인품을 망치는 것은 왜 볼 줄 모르는가.

유생은 깜짝 놀란다. 자기의 허점이 찔렸기 때문이다. 마침내 크게 반성한다. 이윽고 돈오돈수頓悟頓修의 경지에서 자기 혁신을 다짐한다. 앞으로 나라를 위해 큰 일을 하자면 재승박덕才勝薄德으로는 안된다. 재덕겸비才德兼備해야 된다. 이런 깨달음을 얻은 유생은 너무나 기쁘고 감격한 나머지 선사께 정중하게 삼배를 올린다.

–왕사님, 저에게는 삶의 등불을 밝혀주신 큰 스승이십니다. 오늘의 맹세를 평생 잊지 않겠습니다.

유생은 큰 절을 올리고 일어섰다. 그는 의관을 정제하고 꿋꿋이 서서 걸어 나간다. 암자의 문틀은 나지막한데 유생의 이마가 문틀에 탁 부딪쳤다. 아얏, 하고 잠시 멈춰 섰다.

–몸을 낮춰야 부딪치지 않는 법입니다. 자신의 몸을 땅에 누워있는 풀처럼 낮추면 천하 사람들은 그대를 하늘처럼 우러러 보며 따를 것입니다. 이것이 하심下心입니다. 하심 공부가 안 돼 있으면 재덕겸비도 불가능합니다.

방 한켠에 가부좌를 틀고 앉아 연신 염주를 돌리고 계시는 선사를 향해 유생은 다시 삼배를 올린다.

–또 한 소식 깨우쳐 주셔서 백골난망하옵니다.

그 유생은 훗날 조선조 세종 때 정승의 자리까지 올라 그 이름을 후세에 남겼다.

하심을 모르는 정치인, 하심을 모르는 정당, 하심을 모르는 시민단체, 기관장, 노조 임원들, 이제 하심 공부를 좀 해보면 어떨까 싶다.

2부

저승을 다녀와서

눈을 확 떴다. 의식이 돌아온 것이다.

내가 어떻게 돼서 병원 응급실에 누워 있는 것인가. 조금 전 강당에서 강의를 하고 있었는데. 팔에는 링거가 꽂혀 있고 코에는 산소 호스가 달려 있지 않은가.

내 곁에는 교육원장을 비롯하여 교육원 간부들이며 수강생 대표들 그리고 의사 몇 분이 근심스런 표정으로 나를 내려다보고 서 있다.

나는 미소를 짓고 그들을 바라봤다. 그들은 일제히 내 팔다리를 만지며 "이제 됐다. 살아나서 고맙다."며 안도의 한숨을 쏟아낸다.

나는 시선을 병원 창 밖으로 내밀었다. 눈부시게 흘러내리는 초가을 햇살이 아름다웠다. 바람결에 흔들리는 나무 잎새들. 그 틈새로 얼굴을 조금씩 내미는 파란 하늘. 바쁘게 오가는 사람들이 그토록 반갑고 고마울 수가 없었다.

문득 응급실 벽시계를 바라본다. 열두 시 십오 분. 그러니까 강의 종료 열두 시를 의식하고 끝맺음을 하다 졸도했으니 십오 분 동안 죽은 셈이 된다.

전화를 받고 늙은 아내는 정신없이 달려왔다. 자신이 와병 중인 것도 잊은 채 웃고 있는 내 얼굴을 확인하고서는 가까스로 숨결을 고르며 말을 건넨다. "조심하지 않고. 큰일날 뻔했소." 나는 별일 아니니 안심하라며 아내의 손을 꽉 잡아 본다.

나중에 안 일이지만 나는 강연을 경청해 줘서 고맙다는 인사말을 하다 말고 쓰러졌단다. 마치 서 있던 나무 기둥이 갑자기 넘어지듯 쿵 소리를 내며.

처음 당하는 일이라 교육원이 발칵 뒤집혔다. 119에 긴급 구조를 요청했다. 일부 수강생과 교육원 직원들이 내 사지를 주무르며 손끝 발끝에 수지침을 놓기도 했단다. 이내 구급차가 와서 병원으로 실려 갔다고 한다.

다시 살며시 눈을 감는다. 십오 분 동안 어디에 다녀왔는가. 그것을 알아내기 위해서다.

어느 순간 나는 어스름 안개가 흐르는 운무의 파도 위에 혼자 우두커니 떠 있었다. 내가 누구인지, 어디서 왔는지, 여기가 어디인지도 모른 채.

철저한 고독이다. 내 곁에는 저승사자도 야차도 물론 천사도 없었다. 하늘과 땅, 산과 바다도 보이질 않았다. 저승 갈 때 건너간다는 삼도천三途川도 망각의 레테강도 없었다.

내가 완전히 절명한 것도 아니고 그렇다고 살아 있는 것도 아니며 잠시 동안 맥박이 멎고 혼절했으니 지금 더듬어 떠올리는 영상들이 참이 아닐 수도 있고 또 거짓이 아닐 수도 있으리라.

나는 안개 속에 묻혀서 멀리 입을 벌리고 있는 컴컴한 블랙홀 같은 데로 점점 빨려 가고 있었다. 아무리 주변을 살펴보고 아래위를 눈여겨봐도 천당도 극락 세계도 있을 것 같지 않았다. 도산지옥도 화탕지옥도 무간지옥도 보이질 않았다.

내가 언젠가 저승에 가게 되면 가장 먼저 만나 뵙고 싶어했던 그리운 어머니가 보이질 않았다. 먼저 이승을 떠난 아버지며 형, 누나, 그리고 많은 친구들도 찾을 길이 없었다.

형체도 색깔도 없고 소리며 냄새도 없고, 시간도 공간도 존재하지 않는 타계를 구경한 것이 기적 같기만 하다. 어쩌면 그것은 겁외劫外의 허공이라 할까. 아니면 무화無化의 원점이라 할까. 이승은 있어도 저승은 없을지도 모른다. 저승이 있다면 우리들의 의식 속에 있으리라.

두어 시간 뒤 택시를 불러 타고 집으로 돌아왔다. 차내에서 긴장을 풀어 보려고 아내에게 농을 걸어 봤다. "임자, 고통 없이 열반하는 좋은 기회를 놓쳤구려." 아내는 "과부 될 팔자는 아닌가 봐요." 웃으며 응수해 온다.

요즘은 덤으로 인생을 산다는 생각에 매사가 은혜로워 감사를 드린다. 싸움질하는 인간의 몸짓도, 쓰레기 쌓인 골목길도, 흙먼지가 나는 바람결도 귀하고 아름답게만 보인다.

수시로 엉뚱한 상념이 불쑥 떠올라 뇌리에 머물기도 한다. 원시 사람들은 거칠은 자연 속에서 무리 지어 살면서도 허무와 공포로 떨었으리라. 그들에게는 기대고 매달리고 구원을 받고 싶은 절대전능의 초월자가 필요했을지도 모른다.

드디어 그들은 나름대로 신을 만들고 종교를 창안했다. 종교에 따라 온갖 의식이며 주문이며 경전도 고안해 냈다. 그들의 신은 애초에는 늘 그들 곁에 있었다. 마침내 종교는 인류 문명의 중심에 서서 그것의 발전에 동력이 되고 견인차 역할을 다했다. 그러는 동안에 신은 아득히 먼 미지의 세계에 엄숙하고 화려한 궁전을 세우고 그 속에 좌정하게 됐다. 인간 위에 군림하여 때로 겁을 주면서.

사람들은 금생의 안락한 삶. 내생에 대한 확실한 보장, 두려움 없는 편안한 죽음을 위해 신에게 정성을 바쳐 왔다. 온갖 방편方便이 동원되면서 기도 · 찬송 · 독경 · 헌금… 등 치성은 더욱 극성스러워졌다. 이젠 방편이 종교의 본질로 변질한 것은 아닌지 모르겠다.

성철 스님이 마지막 남긴 열반송이 언뜻 생각난다.

일생 동안 남녀의 무리를 속여서

하늘을 넘치는 죄업은 수미산을 지나친다.

산 채로 무간지옥에 떨어져서 그 한이 만 갈래나 되는도다

둥근 수레바퀴 붉음을 내뱉어서 푸른 산에 걸렸다.

平生欺狂男女群

彌天罪業過須彌

活焰阿鼻恨萬端

一輪吐紅掛碧山

암시하는 바 깊고 깊다. 이제 나는 도리천도 도솔천도 그리고 비상비비상천非想非非想天도 내 마음속에 있음을 알 것 같다. 온갖 형벌을 가하는 지옥도 역시 마음속에 있으리라. 내 바깥 세계에 계시는 그 많은 불 · 보살을 내 마음속으로 모셔 와야겠다. 길을 가다가도 일을 하다가도 잠을 자다가도 만나 뵐 수 있게.

오늘도 새벽에도 향을 피워 놓고 기도를 드렸다. 기도는 원력이요 염력이요 자기 몰입이 아닌가. 문득 불심의 품안에 이미 안겨 있으면서 불심을 이토록 찾아 헤매고 그리워했던가 싶다.

소요逍遙

나의 소요는 졸고 있는 내 영혼을 흔들어 깨움이다.

어쩌면 뒤돌아보고 성찰하며 초심에 숨어 있는 빛을 찾아나감일지도 모른다.

내 집 근방에는 D대학이 있다. 대학 캠퍼스에는 잔디밭이 있어, 일 년 사계절 거의 매일 정인을 만나러 가듯 찾아나선다.

내가 모습을 드러내면 잔디밭에 있던 나무며, 들새며, 바위며… 모든 존재들이 나를 반긴다. 더러는 몸짓으로, 소리로, 또 표정으로, 향기로, 바람으로….

여기서 나의 소요가 시작된다. 내 감성의 영토 속에 들어온 사물들은 죄다 살아서 움직이며 말을 한다. 때로는 비음으로 흥얼거리기도 하고 때로는 냉엄한 잠언을 들려주기도 한다.

나는 이들을 거느리고 잔디밭 둘레를 어슬렁 어슬렁 돌아본다.

지나간 봄 여름 가을 겨울, 이들이 보여줬던 모습들이 따라와 돈다. 봄에는 초목들이 환희의 노래를, 여름에는 분출하는 생명력을, 가을에는 화백의 솜씨를, 겨울에는 깊은 명상으로 나에게 지순한 기쁨을 느끼게 했다.

마침내 하늘 한 자락도 따라와 돌고 내 어린 시절의 초심도 곁에와 따라 돈다. 하동 섬진강변의 야산에 피고 지던 수많은 풀꽃들이 오늘은 내 가슴 속에서 강물로 출렁이며 따라 돈다.

꽃잎을 따서 강물 위에 띄워 보내며 놀던 친구들은 지금 어디서 어떤 모습으로 살아가고 있을까. 그들도 나처럼 초심을 잃고 세파에 뛰어들어 부대끼고 들볶이고 시달려서 옛 모습을 잃고 있을까.

우리들의 초심은 고향에서 저마다 취향에 맞는 일자리를 찾아 섬진강 풀꽃마냥 사는 것이었다.

나는 이웃에 초등학교 선생 한 분이 있어 늘 우러러 보였다. 쇠락한 집안에서 태어난 나는 가난한 데다 비범한 재주도 없고 책가방 끈도 길지 않을 것 같아 어릴 적 꿈은 고향 초등학교 훈장이 되는 것이었다.

한데 내 어리석은 욕심 때문에 초심은 산산이 부숴졌다. 민들레 꽃씨 바람결에 날려가듯 나는 뜻밖에도 대구 땅에 흘러들어와 뿌리를 내렸다.

유랑극단 악사처럼 나팔 불며 대구 경북 열두 고을을 찾아 다니며 근 반세기 동안 중등교단에서 늙어 버렸다. 훈장 노릇은 다람쥐 물레바퀴 돌리듯 단순하고, 평범하고, 한결같다고 한다. 하나 거기도 사람 사는 곳이라 어찌 부침이 없고, 애환이 없고, 희비가 없었으랴.

웬일일까. 오늘따라 남루하고, 부끄럽고 슬픈 나의 발자취만 별나게 눈에 밟힌다.

교육연구사, 장학사, 교장, 교육장, 교원연수원장, 교육위원을 거치면서 뚜렷하게 남긴 업적은 무엇인가. 생각이 나질 않는다. 공술, 공밥, 공짜를 즐기며 촌지 봉투 챙긴 행태만 극명하게 떠오른다. 더러운 버릇은 강력한 최음제와도 같았다고 하리라.

유신 시절의 장학사는 교사의 꽃이라고 했다. 하나 나는 악취 풍기는 독초의 꽃이었다. 때에 따라 마음과 말과 몸짓이 따로 노는 가긍한 위선자였다. 영락없는 속물이었다. 화려한 엉터리였다고 할까. 나 교육위원은 멀쩡한 몸에 달라붙은 물혹이요, 장승이요, 각설이꾼에 불과했다고 하리라.

늙어서 용도 폐기된 지도 이미 십여 년, 이제 팔순의 어귀에 다다라 철이 좀 드는 것인가.

걸음을 멈추고 바위 곁에 앉아 나도 바위가 되어 본다. 가부좌를 틀고 고승의 묵조선 흉내를 내본다. 뒤따라 돌던 모든 것들은 제자리로 돌아갔다. 숨결을 고르는 사이 어느덧 인적이 끊기고 사위가 적막하다.

바람결은 천사의 손길인 양 내 뺨을 스치고 지나간다. 뭇새들의 지저귐은 물방울이 되어 어깨 위에 쏟아져 내린다. 내 몸은 백지장처럼 가벼워졌다. 우주 속의 만물은 일제히 내게로 들어와서 하나가 된다. 드디어 나도 없고 우주도 없다.

한동안 허공을 떠돌다 문득 현실로 돌아왔다. 다시 소요가 계속 된다. 내 뒤에는 내 그림자만 따를 뿐 아무도 보이질 않는다.

수필을 생각해 본다. 수필은 우선 자기 성찰과 자기 고발로 심혼의 세척부터 이뤄져야 하리라. 그리고 그 위에 언어의 집이 세워 졌을 때 비로서 깊은 감동과 문향이 묻어나지 않을까. 수필은 시나 소설과는 달리 언제나 작가의 자화상이기 때문이리라. 위선과 가면과 속물 근성으로는 아무리 비단 같은 문장으로 수필을 쓴다해도 그것은 손장난이요, 허구요, 사기에 불가하리라.

한데 나는 여태껏 수필이라고 쓴다는 게 신변 잡사나 은근한 자기 과시, 자연 예찬과 문명 비판, 인간 탐구와 부정 규탄 등 언어의 유희로 일관해 왔다. 최근에야 눈좀 떴다고 할까. 고백이란 제목의 수필을 써 봤다. 하지만 몸에 걸친 오물 누더기를 홀랑 벗질 못했다. 생피가 뚝뚝 나도록 따라서 벗어 던져야 하겠다.

파랭이 꽃이 필 때가 됐나 보다. 소박한 듯 곱고 단순한 듯 우아하고, 조잡한 듯 순결한 풀꽃이 그립다. 풀꽃의 초심으로 살아왔더라면 부끄러운 것도, 슬픈 것도, 한스러운 것도 없었을 것을…. 이 아쉬움을 이제 와서 어찌하랴.

개망초

‘쉬고 또 쉬면 쇠로 된 나무에도 꽃이 핀다.’

한 선각자의 이런 말을 믿고 출입을 삼가며 쉬고 또 쉬어 본다. 꽃이야 피련마는 여름에도 달고 다니는 감기라도 탁 떨쳐 봤으면 싶어서이다.

쉰다는 것도 쉬운 일이 아니다. 진정 쉬고 싶으면 몸에서 힘을 빼내고 마음속에 떠다니는 온갖 잡념을 걷어내야 한단다. 틈틈이 바른 자세로 앉아 숨결을 고르며 단전호흡으로 천지의 기를 받아들여야 된다고 한다.

나는 수양이 덜돼서일까. 왠지 그렇게 할 수가 없다. 그러니 나는 쉰다기보다 논다고 하리라.

신문을 읽다가 TV도 보고 책도 뒤적거려 본다. 판소리에 푹 빠져도 보고 클래식 음악에 넋을 잃기도 한다. 대중가요에

흥을 느끼기도 하고 늙은 아내의 일손을 돕기도 한다.

그런데도 해는 아직 하늘에 떠 있고 뭣인가 허전하고 답답하고 쓸쓸하다. 말벗이 없어서일까.

문득 뒤란으로 나가 본다. 아파트 뒤란에는 개망초꽃들이 지천으로 피어 있다. 요즘은 이들이 내 친구라고 할까. 요것들이 고사리 같은 손을 내밀며 나를 반긴다.

개망초꽃은 어른 손톱만큼 작고 쩨쩨하고 볼품이 없다. 하얀 색깔에 향기도 없고 꿀도 없는지 나비도 꿀벌도 찾아들지 않는다. 민들레꽃처럼 예쁘지도 못하고 제비꽃같이 곱지도 못하다.

그러나 개망초는 한 포기 줄기가 자라면서 가지가 번지고 또 번져나서 수많은 꽃송이들을 한꺼번에 소복소복 피워낸다. 시들고 나면 또 다음 것들이 뒤따라 꽃을 피워내고 또 피워낸다. 들풀이 이렇게 오래도록 꽃을 피워내는 것은 개망초가 으뜸이 아닐까.

산과 들이 초록빛 일색으로 두 계절 무성하면 사람들은 단조롭고 지루해서 조금은 권태를 느끼게 된다.

그래서일까. 어쩌면 밤 하늘의 별똥별들이 불타고 남은 재를 쏟아내려 개망초꽃으로 피어나게 했을지도 모른다. 비로소 진초록 빛깔에 흰 꽃 무늬가 점점이 박혀서 답답한 가슴을 확 틔워 준다고 하리라.

나무 그늘을 찾아 이러저리 거닐다 말고 다시 개망초 앞에 나를 세운다. 내 잠재의식의 밑바닥에 깔려 있던 세 소녀의 영상이 의식의 뜨락으로 걸어 나와 불현듯 개망초꽃 곁에 어른거린다.

한 소녀는 내 어릴 적 소꿉친구였던 숙분이가 아닌가. 섬진강변에 무서리가 내린 어느 날, 그녀는 죽어 나뒹굴고 있는 물새 한 마리를 치마폭에 싸 가서 양지바른 곳에 묻어 줬다. 이듬해 봄, 무덤을 다시 찾아가 꽃잎을 뿌려주던 그 지순한 소녀의 정. 오늘 황량한 내 가슴에 강물로 출렁인다.

또 한 소녀는 화전민의 딸이다. 이십여 년 전 태백산맥 깊숙한 화전민 마을에서 그녀를 만났었다. 그녀는 부모 따라 도시로 이사 간 용철이을 만나러 왔다며 혼자 돌멩이를 만지고 있었다. 용철이는 초등 분교 3학년 옆 짝이라 했던가.

주인 없는 빈집, 잡초꽃이 흐트러지게 핀 뜰, 빗물처럼 떨어져 부서지는 뭇 산새 소리, 외로운 소녀의 기다리는 마음, 그날의 내 느껴 흔들림이 지금도 감성의 영토에 맑은 향기로 남아 있다.

뜻밖에 한 집시 소녀가 고맙다며 내게 머리를 조아린다. 언젠가 동구라파 여행 중 헝가리에 들렀다. 부다페스트 시가지를 돌아보다가 란쯔교 인근에서 보자기를 팔고 있는 그녀를 만났었다.

그림이 찍혀 있는 보자기 한 장에 2달러. 나는 두 장을 사고 5달러를 줬다. 감사하다며 몇 번이나 인사를 하던 그녀가 아닌가. 우수 빛깔로 가득 찬 그녀의 눈망울이 상금도 눈에 선하다.

지금쯤 그녀는 도나우강 둔치 어디에 작은 집 한 칸 마련해서 엄마 아빠와 함께 정착하고 있을까. 아니면 아직도 뜬구름처럼 떠돌아다니고 있을까.

땡볕을 피해 숲 속으로 들어가 한참 숨결을 고른다. 돌연히 불빛처럼 지나가는 한 느낌. 개망초는 동심의 꽃이요, 초심의 꽃이요, 미완의 꽃이라 하리라.

나도 한 포기 개망초가 되어 무수한 꽃을 달고 서 있다. 손끝에서 가지가 번지고 발바닥에 뿌리가 생겨 땅 밑 깊숙이 내리는 것 같다.

내 생명의 뿌리는 마침내 무극의 바다를 건너고 원시의 밀림을 지나 태초의 개벽 천지에 이른다. 여기가 큰 생명력의 모체가 아닌가. 시방 온 누리에 나와 살아 있음을 즐기는 무량수의 목숨들은 여기서 하나로 만난다.

나도 짐승도 초목도 시시각각 바뀌어 가는 한 찰나의 모습에 지나지 않으리라. 시간이 흐르고 나면 우리는 또 뭣이 돼 어디서 어떻게 만날지 아무도 모른다. 때로 그들이 내게 위협이 되고 해를 끼친다 해도 그들은 나의 이웃이요 같은 몸체가 아니던가. 사람 중심의 그릇된 관념을 벗어 던지고 나면 모든 존재가 새로운 관계로 다시 보인다고 했던가. 그렇다. 개망초만이 어찌 내 친구였으랴.

사람과 세상과 개망초를 위시한 자연 속에서 참되고 절박하고 아름다운 문장들이 숨어 있다고 한다. 거룩한 말씀이며 설법도 함축돼 있다고 한다. 오직 눈 밝고 귀 뚫리고 지혜 깊은 사람만이 그것들을 보고 듣고 깨닫는다고 했다.

나는 우매해서 한 줄의 문장도, 한 토막의 말씀도, 한 가닥의 소식도 얻을 수가 없다. 어쩌다 그런 얘기만 듣고도 축복이라 여겨져서 기쁘고 즐거울 뿐이다.

개망초는 상념의 꽃도 더불어 피워내는 모양이다. 주렁주렁 달려있던 숱한 그 꽃들이 석양 바람에 뿔뿔이 흩어지고 있다. 소중한 오늘 하루도 이렇게 영락없이 영원 속으로 묻혀가는 것인가.

내일은 또 아무런 낙서도 그림도 없는 깨끗한 하늘이 여명의 창문을 열고 나를 찾아오리라.

환각에서 깨어나야

석양에 한 초로의 여인이 집으로 돌아가고 있다. 그 때 등 뒤에서 들려오는 소리가 야릇했다.

"같이 가 처녀, 같이 가 처녀"

그녀는 기분이 좋았다. 내 뒷모습이 아직도 처녀로 보이는가보다 싶어서.

다음날도 복지회관에서 놀다가 어제와 같은 시간대에 귀갓길에 나섰다. 또 "같이 가 처녀, 같이가 처녀"고함소리가 들려왔다.

이렇게 나흘 동안 계속되자 그녀는 자기를 처녀로 착각하기 시작했다. 하루는 몸에 짝 달라붙은 홀대바지에 굽이 높은 구두를 신고 엉덩이를 삐뚝거리며 걸어봤다. 역시 '같이 가 처녀' 소리가 더욱 우렁차게 귀청을 때렸다.

그녀는 힐끗 뒤돌아봤다. 젊고 건장한 청년이 일톤 트럭을 몰고 뒤따라오며 마이크로 외치는 소리가 아닌가. 가슴이 좀 울렁거렸다.

그녀는 손녀에게 자랑삼아 그 사실을 얘기해줬다. 손녀는 할머니께 보청기를 끼워드렸다. 다음 날 그 시각에 들리는 소리는 "갈치가 천 원, 갈치가 천 원." 생선장수의 고달픈 목소리였다.

그녀는 허황된 꿈에서 문득 깨어났다. 몹시 부끄러웠다. 하지만 환각에서 깨어난 것이 큰 다행이었다.

사람은 자신에 대해선 자기 자신이 가장 잘 알고 있을 것 같다. 그러나 그렇지 못하다고 한다. 그래서 어떤 철학자는 말하기를 "세상에서 가장 쉬운 일은 남에게 충고하는 일이요, 가장 어려운 일은 자기 자신을 아는 일이다."라고 했다. 오죽했으면 소크라테스는 "너 자신을 알라"라는 명제를 평생 화두로 삼았을까.

자신을 실제보다 낮춰 보는 사람은 자칫 자굴병自屈病에 걸리기 쉽다. 그러면 지나치게 겸손하거나 비굴해질 수 있다.

자신을 실제보다 부풀려 높이 평가하는 사람은 자고병自高病에 걸리기 일쑤다. 그러면 가슴속은 오만과 독선과 아집으로 가득 차서 타인의 뜻이 끼여들 여유가 없다. 따라서 스스로 교만하지도 않고 스스로 비굴하지도 않는 당당한 삶의 자세가 소망스럽다고 하리라.

문사가 문학작품을 발표하면 작품평이 나온다. 그 작품은 '뛰어나다' '명작이다' '불후의 걸작이다' 어쩌다 아부성 평이 연이어 세 번만 나오면 아둔한 사람은 헷가닥 돌아버린다. 그 순간부터 그는 문사가 아니다. 작품 창작에 고민하지 않기 때문이다. 하찮은 잡문을 대량으로 쏟아내며 대가연한다. 명리를 찾아 전국의 문단을 휘젓고 다닌다. 이런 문충文蟲도 더러 있어야 한다. 또 하나의 거울이 되기 때문이다.

무식보다야 유식함이 좋다. 하지만 컴퓨터가 있는 한 박학다식보다 한 가닥 지혜가 훨씬 값지다. 세계적인 명문대학을 두루 다니고 동서고금의 명저를 통달해서 존경받는 학자들이 더러 있다. 그런 학자가 어느날 TV에 나와 열강을 해서 이름이 떴다 하면 서서히 개그맨으로 변질하는 것을 보게 된다.

끼일 데 안 끼일 데 가리지 않고 할 말 안 할 말 분별없이 뇌까리며 연출하는 코미디를 보면 우습다기보다 차라리 슬프다. 그칠 데 그치고 멈출 데 멈추는 지지철학止止哲學을 다 아시는 분이 왜 그럴까. 어쩌면 지적 오만과 그로 인한 환각 때문이 아닐까.

사람은 제아무리 많이 배우고 천재라 해도 종이 한 장 눈앞을 가리면 장님이 된다. 일초 뒤에 일어날 일을 미리 알 수 없다. 패랭이 꽃 한 송이도 만들 수 없다. 이것이 인간의 한계다. 그래서 사람은 거기서 거기고 그게 그것이라 하지 않는

가. 박식할수록 오만을 벗어야 하리라.

온갖 시민단체의 장, 지도층 인사, 정치가 중에는 나 아니면 안된다는 과대마상증 환자가 많다. 목사가 경찰관과 정치가가 강물에 빠져 허우적거릴 때, 건져 올리는 순위가 정해져 있단다. 일순위는 당연히 정치가란다. 오래 두면 강물이 오염되기 때문에. 이런 모욕적인 시정의 속담이 뭣을 암시하는가. 남들 앞에 서고자하는 자는 먼저 자기를 되돌아 보고 또 되돌아봐야 할 것이다.

권력을 잡아본 사람에게 권력이 뭣이던가 물어보라. 꿈이요 허깨비요 물거품이요 그림자에 지나지 않더라고 할 것이다. 어쩌면 잠시 스치고 지나가는 바람이더라고 답할지도 모른다.

통치자는 마음 속에 티끌만한 사심도 있어서는 안된다. 백성들도 눈이 있고, 귀가 있고, 생각이 있다. 백성들도 알 것 다 알고 볼 것 다 본다. 심지어 통치자의 깊은 마음속도 꿰뚫어 본다. 통치자가 탐욕이 없음을 알 때 등을 돌렸던 백성들이 모두 돌아와 뒤따를 것이다.

인류문명은 본시 혼돈과 질서를 거듭하면서 발달해 왔다고 한다. 우리는 지금보다 높은 차원의 발전을 위해 대혼돈의 해협에 들어섰다. 분열과 갈등과 대립 속에서 저마다 목소리 높이고 제몫 챙기기에 숨가쁘다.

여우가 사자 소리를 내고 노루가 사슴 노릇을 하며 산꿩이

공작새 흉내를 내는 판국이다. 하지만 밤이 깊으면 새벽이 오고 강물은 스스로 제 갈 길을 찾아 흐르기 마련이다.

모두 마음의 보청기를 귀에 꿰고 환각에서 깨어나야 하리라. 우선 나부터 내 자리로 돌아와야 하겠다.

구름 나그네

구름 나그네의 발길은 정처가 없다. 바람 부는 대로 물 흐르는 대로 구름 떠나가는 대로 따라갈 뿐이다.

구름 나그네는 정해둔 목적도 주제도 화두도 없이 그저 이리저리 옮겨다닐 뿐이다.

구름 나그네는 세상사 온갖 시름을 죄다 바람결에 날려버린다. 더 누릴 것도 가질 것도 기다릴 것도 없이 빈 마음으로 발길을 내딛는다.

나는 L형과 함께 2박 3일 동안 구름 나그네가 되기로 하고 집을 나섰다. 팔순의 어귀에 이른 노구 둘이 길 위에 서는데는 대단한 용기와 결단이 있어야 했다.

무심코 찾아온 곳은 하동 섬진강변이다. 여름의 섬진강변은 인파의 꽃으로 현란하다. 울긋불긋 수영복 차림의 젊은 남녀들, 형형색색의 비치파라솔, 매달려 떠 흔들리는 고무풍선, 나들이 나온 가족들, 숲속 여기저기 까르르 터져나온 웃음소리가 바람을 타고 모래뻘 위를 굴러다닌다.

벽계수처럼 맑은 강물, 은빛 반짝이는 모래톱, 수령 500년이 넘은 소나무 숲, '백사청송' 은 과연 하동 섬진강변의 대명사라 하겠다.

한켠에 서 있는 간이식당에 들러 섬진강 재첩국과 재첩무침을 먹으며 막걸리 한 사발씩 들이킨다. 거나한 기분으로 읍내에 들어가 시가지를 거닐어 본다. 나도 L형도 탯줄이 묻힌 땅이건만 세월 탓인가 낯설기만 하다. 사람도 바뀌고 물정도 바뀌고 인심도 바뀌었는데 인근 산은 여전해서 유정하다.

객사의 밤은 깊어 손은 모두 잠들었다. 우리만 전등 밑에 머리 맞대고 앉아 흘러간 시공을 한 장 한 장 역으로 넘기며 동심의 옛 모습을 찾느라 행복했다.

소란한 인적소리에 늦잠을 깬다. 두 구름 나그네는 섬진강을 거슬러 올라 평사리로 향하고 있다.

나는 간밤에 요상한 꿈을 꿨다. L형과 꿈 얘기 나누다 문득 서산대사의 꿈속 사람 시가 떠올랐다.

主人夢說客　客夢說主人

今說二夢客　亦是夢中人

주인이 나그네께 꿈 얘기 하네 나그네도 주인께 꿈 얘기 하네
지금 꿈 얘기 나누는 두 나그네 역시 꿈 속의 사람들이라네.

강 건너 매화꽃 마을을 그윽이 바라보며 지나간다. 이른 봄이면 섬진 강변의 매화꽃 축제가 세상 이목을 해마다 이곳으로 집결 시키리라.

평사리공원 앞에 차를 세우고 강 둔치로 내려가 본다. 불볕은 연신 쏟아지고 등에 땀은 쉴새없이 흘러내린다. 수련 나온 아이들은 더위도 잊고 꽃동산을 뛰어다닌다. 더러는 강물에 멱 감고 물놀이에 여념이 없다.

두 구름 나그네는 강변에 서서 잔잔한 물비늘을 이루며 흘러가는 강물을 하염없이 바라본다. 흘러가는 것이 어찌 강물뿐이랴. 인간의 희로애락도 흐르고 역사의 흥망성쇠도 흐르고 만물이 모두 흘러가는 것을.

강 건너 우뚝 솟은 백운산에 눈길이 멎었다. 아름답기 그지없다. 한국의 산은 모두 수려하다. 한국의 산을 깊이 응시하면 민초의 삶이 보이고 문화가 보이고 수난의 역사도 보인다.

최참판 고택을 찾아간다. 평사리 드넓은 들녘엔 초록빛 물결이 일렁이고 있다. 지리산 여맥의 지세와 군데군데 취락한 민가, 광할한 토지와 섬진강. 박경리가 아니더라도 소설 한 질쯤 나올 법한 고을이다.

소설 속의 최참판 고택으로 지어진 집채를 둘러본다. 두 구

름 나그네는 잠시 동안 윤씨 부인의 한과 최서희의 토지에의 집념, 김길상의 애국투쟁…. 소설 속의 등장인물들을 헤아려 본다.

섬진강을 따라 화개장터로 가는 찻길은 양안의 경치가 뛰어나 꿈속을 달리는 기분이다. 장터 주막에 들러 지리산 산채비빔밥에 섬진강 은어회와 참게탕을 곁들여 늦은 점심을 즐긴다. 하동 별미는 그 맛과 향과 빛깔이 과연 일품이었다.

두 그름 나그네는 김동리의 단편 소설「역마」를 화제로 이야기의 꽃을 피운다. 여기가 역마의 무대인데 옥화의 주막은 어디 있을까. 옥화의 외아들 성기와 체장수 영감의 딸 계연은 깊은 사랑에 빠진다. 하지만 그녀가 옥화의 배다른 동생이란 사실이 곧 드러난다. 성기와 계연은 조카와 이모 사이가 아닌가.

인륜상 사랑할 수 없는 사랑임을 알게 된 성기는 엿판을 만들어 앞가슴에 달고 정든 고향을 떠나고 만다. 엿가위를 째각째각 찍으며 사라져가는 성기의 애련한 모습이 눈에 선하다.

화개천을 따라 쌍계사로 간다. 지리산 그 많은 초목의 잎과 뿌리에 씻기고 여과된 물이 모여 이토록 많은 옥계수로 콸콸 흐르고 있지 않는가. 때 묻고 구겨진 마음을 저 물에 헹구고 말리면 불심은 스스로 생겨나지 않을까.

쌍계사에 들러 이 터에 절집을 세운 대비大悲화상과 삼법三法 큰스님을 만나 뵙고 머리 숙여 합장한다. 그들은 2천여 년 전 육조대사 혜능의 초상화를 모시고 와서 이 땅에 선풍을 전파했다고 하던가. 당나라에서 차나무 씨를 가져와 이곳에 처음으로 차밭을 일군 김대렴 할아버지의 손을 잡고 고맙다며 몇 번이고 인사를 드린다. 진감선사도 만나보고 최치원 선생도 뵙게 돼 흐뭇하다.

빽빽이 우거진 고목의 숲, 청태 낀 기암들, 물소리, 바람소리, 새소리, 불법이 스며있는 산세며 분위기…. 이런 것 때문일까. 벌레 한 마리, 풀 한 포기, 돌멩이 하나…. 세상에 있는 모든 존재가 귀하고 참되고 선하고 아름답다고 느껴진다.

어둠이 없으면 밝음도 없고 거짓이 없으면 참도 없고 악이 없으면 선도 없고 추함이 없으면 아름다움도 없으리라. 이것들은 둘이면서 하나이다.

나의 참 모습인 원형이 계곡의 물안개 속에서 얼핏 나타났다 사라진다. 나와 너도 둘이면서 하나이다. 나와 만물이 마침내 하나요, 대자연과 나도 결국 하나인 것을.

오늘 밤은 민박집에서 신세지기로 했다. 내일은 청학동으로 갈지, 구례로 갈지 아직 모른다. 아침에 일어나 마음 가는 대로 가리라.

작년에 즐겼던 구름 나그네의 운수행각이 여름이 되니까 나를 자꾸만 부춘긴다. 올해는 어찌할까.

도솔천兜率天에 띄우는 便紙

춘강春江 빈남수賓南洙박사! 어쩌면 그렇게도 무심히 떠날 수 있었단 말인가?

승천하기 사흘 전 우리는 전화 통화를 했었지. 그 때 내색 한 번 보이지 않고 "응, 차츰 회복되고 있어. 가을엔 한 번 다녀 가. 고마워…."이렇게 예사롭게 말하지 않았나? 이것이 그대가 내게 남긴 今生의 마지막 육성이 될 줄이야.

계미년 여름 말복을 겨우 지난 다음 날 석양, 그대는 운제산雲梯山 구름다리를 타고 승천했다네. 이승의 끝자락에서 실타래같이 얽힌 온갖 인연을 끊고, 짐이 되어 무겁기만 한 육신을 벗어내느라 한 해를 그토록 앓았는가 보다.

그대는 이제 가벼운 마음으로 명부를 지나서 도리천과 도솔천을 내왕하며 머물 곳을 찾고 있겠지. 그러나 이승에 남아 있는 가족들이며 친지들 그리고 문우들은 끈끈한 정이 남아 저마다 슬픔을 달래며 지난날을 되돌아보곤 한다네.

평소 우리들의 사생관은 홍모鴻毛와 같았다고 하리라. "자연 따라 무심히 이승에 와서 인연 따라 살다가 자연 따라 무심히 가버린다. 떠난다고 슬픈 것도 없고 기쁠 것도 없다." 이렇게 입버릇처럼 말하지 않았던가.

그러나 그것은 듣기 좋은 허구였나 보다. 한 생명의 갑작스런 소멸 앞에서 나는 도저히 허무감을 떨칠 수가 없구나. 나는 지금 억새가 무성한 비슬산 기슭을 괜히 방황하고 있다. 소슬바람에 풀벌레소리가 오늘따라 더욱 슬프다.

사복蛇輻의 어머니 죽음 앞에서 한탄한 원효의 명언이 불쑥 뇌리를 스친다.

> 막생혜기사야고莫生兮其死也苦
>
> 막사혜기생야고莫死兮其生也苦
>
> 나지 말지어다. 그 죽음이 괴롭다.
>
> 죽지 말지어다. 그 남이 괴롭다.
>
> 생사윤회에서 해탈해야 된다는 뜻이리라.

춘강, 우리의 해후가 언제였던가. 서로가 불혹의 유역을 흘러갈 무렵 경북수필동인회(영남수필동인회 전신) 모임에서였다. 춘강의 고향은 사천군泗川郡이요 나는 하동군河東郡이라 같은 서부경남인데다 연배며 행동성향이며 취향이 비슷해서 급작스레 가까워졌고 마침내 죽마고우처럼 됐다고 하리라.

그러다 84년 3월에 나의 일자리가 포항고등학교로 옮겨지면서 우리의 교우는 더욱 돈독해졌다. 그 해 7월에 춘강과 나 그리고 서상은, 성홍근, 이삼우, 박성준, 장현 등 일곱 분이 모여서 형산수필문학회兄山隋筆文學會를 창립하지 않았던가. 연말에 창간호가 나왔을 때 우리들의 감격은 가히 눈물겨웠다.

그 후 또 나는 구미시에 있는 경북교원연수원으로 자리를 옮겼다가 5년만에 다시 포항여고로 전근이 됐다. 포항 생활이 시작되자 춘강과 나는 거의 매일 만났었지. 죽도시장 생선횟집에서 소주를 들며 "서로 만나보면 아무 일없이 그저 그렇고, 그래도 아니 오면 홀연히 생각나는 그대"라는 옛 선비의 시구詩句를 읊으며 즐거워했었다. 한산寒山은 말도 하지 않는데 습득拾得은 이미 그 뜻을 알고 웃는다는 고사가 생각나네 그려.

어찌 이것뿐이랴. 기청산 농원에서, 영일만 해변 그 많은 식당에서, 월포리 100번지횟집에서 매월 갖는 형산수필 월례회 모임은 얼마나 즐거웠던가. 그러나 작품 발표가 있으면 비평과 토론은 또 얼마나 신랄하고 냉엄하고 엄숙했던가. 그 날의 에피소드를 기억하고 있겠지.

춘강! 보고 있는가. 이승의 한 자락에 우뚝 서 있는 그대의 탑 셋을, 그대가 77년간 한 생애를 통해 땀 흘려 쌓아올린 불멸의 탑이라네.

첫째는 평생을 도규계刀圭界에 헌신해 온 인수제중仁手濟衆의 탑이란다. 둘째는 『괄호밖의 인생』과 『망각의 이방지대』 등 두 권의 수필집을 남긴 문사文士의 탑이다. 셋째는 한국의 문단에 이바지한 공로의 탑이라네. 그대는 수향水鄕수필문학동인회장, 문협포항지부의 초대 지부장, 예총포항지부의 초대 회장, 형산수필문학회장, 영남수필문학회장, 갈품동인회, 한국문인협회, 국제펜클럽, 한국수필가협회 회원 등 눈부신 문단활동으로 경북문화상을 받은 바 있지 않는가. 철의 도시 포항을 문화예술의 도시로 승화시켜 놓고…. 그대는 진정 이상과 열정과 집념으로 이승을 살다 갔다네.

춘강, 그대가 신앙하는 불교에는 이런 법어가 있지 않는가. "너의 전생을 알고 싶으면 금생에 네가 받는 것을 보면 알고, 너의 내생을 알고 금생에 네가 짓는 업(karma)을 보면 안다."

그대는 금생에서 수많은 선업을 지었다. 따라서 명부冥府에 가서 업경대業鏡臺 위에 올라섰을 때 죄업보다 선업이 월등하게 많아서 시왕十王과 지상보살의 큰 칭송을 받았으리라. 그러므로 춘강은 이제 육도윤회六道輪廻의 궤적을 뛰어넘어 도솔천에 가 있을 것이다.

춘강의 열반이 생자들에게 한 가지 깨우침을 줬다고 믿고 싶다네. 우리는 흔히 세상을 '空手來 空手來' 라고 하지 않는가. 그러나 실은 '滿手來 滿手來' 인 것을 알았다고 하리라.

사람은 전생의 업을 가득히 손에 쥐고 태어나고 돌아갈 때는 또 엄청나게 많은 업을 가지고 가득히 손에 쥐고 태어나고 돌아가 때는 또 엄청나게 많은 업을 가지고 가는 것이 아닐까. 그대는 '찰 만滿'의 화두話頭를 남겼구려.

이 사람 춘강, 도솔천이 어디 있는가. 우매한 중생이라 알 수가 없구나. 그저 구름이 흐르는 허공을 아득히 우러러보며 침량할 뿐이라네. 어쩌면 팔만 사천 억 겁 광년 바깥에 있는 또 하나의 우주 속에 존재하는 것 같기도 하고 어쩌면 바로 이승의 한 발치 바깥에 있는 것 같기도 하다네.

춘강, 이 편지를 어떻게 보내야 손에 닿겠는가. 강물에 흘려보내랴, 아니면 바람에 날려보내랴. 고심 끝에 비슬산 운흥사雲興寺 뜨락에 와서 불에 태워 하늘에 날려보낸다. 부디 천복을 기리 누리소서.

계미년 중추 素木 金奎鍊 합장

나의 삶과 수필문학

하동 섬진강 둑엔 유달리 풀꽃이 많았다.

나는 어린 시절 친구들과 그 풀꽃을 따서 강물에 띄워 보내며 놀곤 했었다. 들찔레 새순을 꺾어 먹던 그 맛을 지금도 잊을 수 없다.

내 집 이웃에 초등학교 선생 한 분이 있었다. 어린 내 눈에는 그분이 늘 우러러 보였다.

나는 강마을, 쇠락한 집안에서 태어났다. 가난한 데다 비범한 재주도 없고 책가방 끈도 길지 않을 것 같아, 소년 적 꿈이래야 고향 초등학교 훈장이 돼서 풀꽃처럼 사는 것이었다.

이것이 나의 초심이었다고 할까. 허나 내 초심은, 기왕이면 고등학교 훈장을 해야지 하는 욕심 앞에 무참히 무너졌다. 나이 들자 일자리를 얻으려고 시험을 쳐서 고등학교 교원자격을 따냈다. 바람결에 풀씨 날려가듯 나는 뜬끔없이 고향을 떠나 경북 땅에 와 뿌리를 내렸다.

6 · 25전쟁이 일어난 그 해 3월에 군위 중 · 고등학교 교사 발령을 받았다. 교사생활도 잠시, 전쟁의 와중에 나는 육군 제2군단 정훈부 문관으로 종군하게 됐다. 선무공작을 위해 진격하는 국군의 뒤를 따라 가다 전투에서 전사한 수많은 장병들을 목도했다. 아군, UN군, 적군 시체가 뒤섞여 있었다. 교복 차림의 학도병과 인민의용군의 소년병들이 처참하게 죽어 있는 시신도 봤다. 그 순간 그들의 어머니 모습이 떠올랐다. 소식이 끊긴 내 어머니 생각에 왈칵 눈물이 쏟아졌다. 나는 사병들 몰래 나무 그늘로 뛰어가 펑펑 울어버린 그 날이 어제만 같다.

전쟁이 끝나자 나는 학교로 복귀했다. 유랑극단의 악사처럼 나는 여러 고을을 떠돌며 60년대 초반까지 비틀거리는 훈장 노릇을 했다. 가는 학교마다 당시의 동료교사들은 퇴근길엔 으레 무리지어 주막에 들러 말술을 마셔댔다. 전쟁의 상흔 때문이었을까, 상실의 허무감 때문이었을까. 월말에 외상 술값 청산하면 남는 돈이 몇 푼 되지 않았다. 마침내 우리는 '뭉치면 죽고 흩어지면 산다.' 는 외침으로 술을 삼가게 되었다.

70년대 초반에 폐결핵으로 직장에서 물러나 절집에서 요양생활을 했어야만 했다. 그 때 괴로운 시간을 죽이려고 무심코 읽은 것이 수필이었다. 수필에 매료돼 수필이라면 무조건 읽어댔다.

가장 감동을 느낀 작품은 김소운의 「외투」와 「특급품」, 윤오영의 「달밤」과 「염소」, 피천득의 「수필」과 「인연」이었다. 이 수필들은 암흑속에서 방황하는 내 영혼에 한 줄기 빛으로 다가왔다. 흙먼지 바람으로 사막이 돼버린 나의 감성의 영토에 산이 솟아나고 강물이 흐르고 모든 동식물이 죄다 부활해서 생명의 환희를 느끼게 했다.

수필은 시로 쓴 소설이요, 소설로 쓴 철학이요, 언어로 그린 명화요, 뜻으로 부르는 노래일지도 모른다. 마침내 수필은 거짓 없는 자화상이다. 미래 문학의 주류는 수필일 수밖에 없다는 믿음을 가지게 됐다.

건강이 회복돼 교단에 다시 섰다. 나의 일상은 아침에 향을 사르며 기도하고 학교에 가 글 가르치고 집에 돌아와 글짓기 공부하는 일이었다. 한데 직장과 사회생활에서 때때로 내 마음과 말과 몸짓이 서로 어긋나서 따로따로 놀 때가 있었다. 이럴 때 신앙과 글짓기의 염원이 흔들거리는 내 발걸음을 바로 잡아줬다고 하리라.

70년대 중반에 영남수필문학회에 참여해서 김시헌, 김진태, 이원성, 정혜옥…과 함께 수필 창작 활동을 했다. 그 후 수필문학지(발행인 김승우)에 「강마을」을 발표해서 등단하게 됐다.

권위가 법보다 더 힘쓰던 유신시절에는 장학사가 교사의

꽃이었다. 나는 장학사가 되고 싶었다. 애씀과 요행으로 연구사와 교감을 거쳐 나는 드디어 그 꽃으로 변신하게 됐다. 그러나 꽃이 되는 그 날부터 공술, 공밥, 공차를 즐기는 버릇이 생겨났다. 이 버릇은 강력한 최음제와도 같았다고 하리라. 악취 풍기는 독초 꽃이 된 그 후로 수필은 나를 버리고 떠나가 버렸다.

70년대 후반에 나는 교장으로 승진됐다. 임지는 상주시 모동면에 있는 중모 중 · 종합고등학교, 그 곳으로 가자면 구름도 쉬어 간다는 추풍령을 거쳐 백화산 기슭으로 찾아 올라가야 했다. 첩첩산중의 고원지대에 마을이 있고 학교가 있었다. 일남삼녀와 아내, 다섯 식구를 대구에 두고 혼자 와 있는 내 처지는 완전히 죄를 짓고 쫓겨 온 유배생활이었다.

수필창작을 재가동했다. 감옥의 담벼락 같기만 했던 높은 산과 산이 어느덧 모정의 뜰 안으로 바뀌면서 나를 정겹게 껴안아 줬다. 자연의 속살 속에 숨어 있던 무수한 생명들이 나와 끈끈한 교감을 이루게 됐다고 할까. 그 후로 나는 수필을 쓸 때 어떤 소재도 침잠과 완색, 적공과 체득의 관조과정을 거치게 됐다.

그 무렵「개구리 소리」,「행복한 유배」… 등 꽤 많은 수필을 캐냈다. 김병규, 송규호, 서정범, 박연구, 원종린… 과 함께 수필집『한잔 차에 잠긴 세월』을 펴냈다. 곧이어 이호석, 윤오영, 이상, 노천명, 조지훈, 김소운, 피천득, 한흑구, 천경자,

김태길… 등 저명 작가들의 작품 틈에 내 졸작이 끼어서 『조그만 가슴으로 큰 행복을』 『붓 가는 대로 마음 가는 대로』라는 수필집이 나왔다. 부끄러운 영광이었다.

70년대 말, 나는 영양군 교육장으로 자리를 옮겼다. 험준한 태백산맥이 남으로 치달을 때 내륙 쪽 한 기슭에 산수 빼어나고 인심 후덕한 고을이 생겨났다. 그 고장이 영양군이다. 타관 사람이 이 곳에 와 살며 어쩌다 밤에 술 마시고 실수하면 밝은 달이 유죄요, 소쩍새가 공범이라며 그 허물을 용서하고 묻어주는 곳이었다.

교육장의 큰 소임은 학교장이 소신껏 학교 경영을 하도록 보호하고 도움을 주는 일이라 했던가. 명교육장일수록 학교 방문을 삼간다고 했다. 내게는 좋은 기회였다. 사무실에 틀어박혀 책이나 뒤적이고 잡문이나 끼적거리고, 싫증나면 관내 여기저기 풍광이나 즐기고.

다행히도 수필 소재가 도처에 깔려 있었다. 때 묻지 않은 자연경관속에, 순박하고 다정한 인심 속에, 화전민의 생활 속에…….

「거룩한 본능」 「화전민의 한 소녀」… 등 숱한 작품을 찾아냈다. 「거룩한 본능」은 훗날 고등학교 국어 교과서에 수록됐다. 내 생의 보람이요, 큰 기쁨이었다.

80년대 초, 나는 고령군으로 이동됐다. 대가야의 문화유적이 남아 있는 고도가 아닌가. 여기서도 「대가야의 토기」 「고분군을 돌며」… 등 적지 않은 작품을 얻을 수 있었다.

81년 10월 9일, 김태길, 차주환, 허세욱, 유경환, 김우종, 김열규, 정진권, 변해명, 정목일, 김규련… 등 20여 명이 모여 〈수필문우회〉를 창립하고 회장으로 김태길을 선임했다. 그 해 11월 25일 충남 동학사 금수장에서 제1회 작품 합평회가 있었다. 이병남의 「그림 속의 아이들」과 나의 「대가야의 토기」가 도마 위에 올랐다.

2년 뒤 나는 포항고등학교장으로 돌아왔다. 경북의 일번지 고등학교, 명문대학 입학을 위한 격전지, 학부모의 한을 풀기 위한 해한 작업장. 나는 여기서 내 모든 정열을 바쳤다. 한편으로는 빈남수, 이기태, 서상은, 성홍근…… 과 함께 형산수필문학회를 세웠다. 영일만의 야경을 바라보고 소주, 생선회를 즐기면서 수필 토론을 했던 그 날 밤들이 행복했다.

삼 년 머물다 나는 경북교원연수원 초대원장으로 부임했다. 연수원은 구미시 금오산 자락에 있었다. 고려 말의 충신 야은 길재의 유적이 남아 있는 곳이다. 길재의 충절에 감복한 이성계는 '금오일구 비아소유金烏一區非我所有'란 글귀를 하사했다고 한다. 여기서도 수필창작은 계속 됐다.

침상사枕上思, 측상사厠上思, 마상사馬上思에서 번갯불처럼 스쳐가는 화두를 붙잡고 참구해 보라는 구양수의 명언이 금오산에서 불쑥 떠올랐다. 나의 화두는 이제 수필의 서두와 결미였다고 할까.

독자의 시선을 단방에 꽉 붙잡고 끝까지 끌고 갈 글머리를 어떻게 써야 할 것인가. 용을 그려놓고 마지막으로 용의 눈에 점을 콕 찍어 넣자 용이 생명을 얻어 꿈틀거리듯 수필의 결미도 그렇게 할 수 없을까. 이것이 늘 피를 말렸다. 「감나무에 달린 잎새들」 「바위」… 도 그쯤에 나왔다.

구미시장 서상은과 한국문협 구미지부를 설립한 것도 추억으로 남는다. 그 동안 나의 수필집 『강마을』과 『종교보다 거룩한』이 출간됐다. 오 년간의 임기를 마치고 포항여고로 자리를 옮겼다.

예순두 살에 비로소 제대로 된 교장 노릇 해 봤다고 할까. 돌부처같이 앉아 있어도 학교는 잘 돌아갔다. 한 달에 두 번 훈화나 하고 수필창작과 지방신문에 칼럼이나 쓰다 45년간의 교직생활을 마감했다.

멀쩡한 몸에 달라붙은 물혹 같은 교육위원 잠깐 하다 지금은 대구에서 살고 있다. 『높고 낮은 목소리』, 『소목의 횡설수설』, 『귀로의 사색』… 등 잡문집도 계속 펴냈다.

팔순의 어귀에 이르러 때늦게 초심을 찾아 들풀처럼 살고 있다고 할까. 지나가는 계절 따라 꽃이야 피겠지만 어찌 그윽한 향기까지 기대할 수 있으랴.

억새풀꽃 나의 수필

나의 수필은 한 촉의 억새풀이고 싶다. 억새풀은 강변이나 산기슭에서 무리지어 잘 자라는 하찮은 풀일 뿐이다. 억새풀은 난초처럼 높은 격조도 없거니와 국화처럼 화사한 꽃을 달지도 못한다. 여늬 잡초와 같이 이른봄, 잔설을 뚫고 지천으로 피어나, 비바람에 흔들리고 햇볕을 견디며 무성하게 자라난다. 그러다 요란한 매미 소리가 빗물로 쏟아질 무렵, 억새풀은 날렵하면서도 날카로운 잎새 사이로 긴 꽃대를 뽑아 올린다. 바위 담쟁이에 단풍이 깃들면, 억새풀꽃은 이미 만발하여 희뿌연 비단 털을 나부낀다. 꽃이라 하기에는 너무도 적막한 우수빛깔의 열렬한 무상無常.

차가운 달빛과 서리 묻은 기러기, 요요한 풀벌레 소리와 텅 빈 들판에 무리지어 흔들리는 억새풀꽃, 만물이 본디 제 모습으로 돌아가는 늦가을의 정경이 어쩌면 나의 수필의 분위기일지도 모른다.

나의 수필은 나의 목소리다. 바람 부는 인경人境을 사노라면, 사람은 저마다 나름대로 보람과 영광의 초원을 지나기도 하고, 때로는 고난과 역경의 산맥을 넘어야 하며, 비애와 오뇌의 강을 건너야 할 때도 있다. 나 또한 이러한 삶의 역정을 이웃과 함께울고 웃으며 지나올 때, 때로 심혼心魂 깊숙이 흐느껴 와 닿은 감회 같은 것이 있었다. 나의 목소리는 이러한 감회의 독백일지도 모른다. 그래서인지 나의 목소리에는, 늘 안타까운 정한情限이며 슬픈 해학이며 눈물빛깔의 향수와 소망이 깃들어 있는가 하면, 처절한 절규와 울부짖는 함성도 있다.

그러나 마침내 덧없는 나의 목소리. 나는 흔히 영욕으로 얼룩진 육신을 이끌고, 혼자 강변을 서성거리기도 하고 숲 속으로 방황하기도 한다. 한 개 조약돌이 되고, 한 그루 나무가 되어, 자연의 목소리에 흥건히 풀어져 침잠하고 싶어서일까. 그러다 문득 동매桐梅의 멋이라도 배우고, 초란草蘭의 향기라도 얻을 수 있다면 황량한 나목과 온갖 잡초의 풋풋한 내음이라고 할까. 차라리 나의 목소리는 늘 바람이요, 구름이요, 강물이고 싶다.

수필에도 구조가 있는 것일까. 나는 수필이라 하여 본 대로 느낀 대로 쓰지 않는다. 보고 느낀 것을 내 나름의 작품으로 만들어낼 때까지, 오래도록 완색玩索하며 가슴 속으로 잉태해

간다. 진통 끝에 시작되는 첫 작업은 주제에 따른 소재의 구성이라고 하리라. 나의 구성기법은, 산수를 옮겨 놓은 수묵화의 구도며 선線이며 원근농담에서 발상되는지 모른다. 진솔하고 소박한 남종화南宗畵는 화畵이면서 시詩요, 시이면서 서書라고 한다. 이러한 남화삼절南畵三絕의 멋이 어쩌면 수필에도 있을 것 같다. 부질없는 욕심일까. 나의 수필에도 수필 속에 시가 있고 그림이 있으면 좋겠다. 일물일어一物一語의 낱말을 캐내고, 문장을 갈고 닦아 투명하게 만들며, 주된 생각과 정, 興, 才, 勢 멋을 억새풀잎의 조화처럼 균형있게 배치해 보려는 것도 따지고 보면 이러한 욕심 때문이리라.

수필이 주는 감동에 따라 나름대로 음향 같은 것을 느낄 수 있다. 나의 수필에서는, 도도하고 장엄하고 우렁찬 '베토벤' 이나 '드보르자크' 의 교향곡 같은 것은 결코 기대할 수 없다. 화려한 오페라의 아리아나 달콤한 이탈리아 가곡 같은 것은 더더구나 느낄 수 없으리라. 나의 수필에서 어쩌다 가락을 느낄 수 있다면, 그것은 남도의 판소리 같으면 좋겠다. 폭포 소리를 극복하고 득음得音한 목소리로, 절규와 비통과 분노로 뒤섞여 울부짖듯 꼬이고 짜여서 한없이 치솟던 가락이, 어느 목에 이르러 문득 턱 꺾여서 풀어지듯 허허로이 흔들며 내려오는 절묘의 목소리. 신이여, 나의 수필에서도 때로 이러한 가락이 은은히 번져 나오게 하소서

수필에서도 때로 색감을 발견할 수 있다. 어떤 수필은 맑고

드높은 가을 하늘 같고, 또 어떤 수필은 달빛에 축축히 젖어 있는 것을 볼 수 있다. 나의 수필에 깃든 색깔의 주조主調는 역시 희뿌연 억새풀꽃의 빛깔이라고 할까. 어쩌면 때때로 이른봄 들녘에 숨어서 피는 제비꽃 빛깔도 깔려 있으리라.

나의 수필에서 연상되는 기물器物 같은 것이 있다면, 그것은 '대가야'의 토기라고 할까. 떠나가신 님이 다시 오길 기다리며 술을 빚어 담아 뒀던 주병토기. 그러나 님은 끝내 오시질 않고, 한만 담긴채 영영 버려졌던 대가야의 빗살무늬토기.

어린시절 섬진강 나루터에서, 죽어 버려진 물새 한 마리를 치마폭에 싸들고, 산기슭 양지바른 곳에 가 묻어 주던 소녀와 '연호사' 법당에 향 한가득 피워 놓고 홀홀히 증발해 버린 비정의 여인, 그리고 가을바람에 희끗희끗한 머리칼을 날리며, 뜨락의 조롱박을 알뜰히 손질하던 도반道伴의 여인이 나의 수필 여기저기서 흔히 환각의 미학으로 나타나곤 한다.

나의 수필에는 그 바탕에, 깊숙이 알게 모르게 내 나름의 철학과 사상이 수맥처럼 흐르고 있으면 얼마나 좋으랴마는. 나는 이승의 삶과 사물현상을 몸처럼 체험하고 눈으로 보면서, 온갖 현상의 참모습과 끝없이 얽혀 내려오는 연기緣起의 거미줄을 나름대로 알아보려고 조용히 응관應觀하기도 한다. 나의 수필에는 허실불이虛實不二의 선미禪味 같은 것이 어쩌면 조금은 묻어 있을까. 나의 사랑하는 정인情人, 나의 수필은 어차피 가을 들판에 나부끼는 억새풀이고 싶다.

3부

분재盆栽와 벗하며

창 밖에 주룩주룩 내리던 봄비가 멎었다.

오늘은 뭣을 할까. 서재로 나와 책상머리에 앉아 본다. 읽다 둔 책을 펼쳐봤지만 글귀 사이로 수림이 보이고 바닷물이 출렁인다. 간밤에 뜨락에 내다놓은 분재들이 빗물에 생기를 얻어 찬란하게 빛나고 있다.

잎새들은 연신 나에게 뭣인가 손짓을 해 온다. 여러 해 동안 애정으로 가꿔온 나의 나무들. 갑자기 곁에 놓아두고 진종일 대화라도 나누고 싶은 충동이 온다.

드디어 분재를 서재로 옮겨 놓는다. 한 盆 한 분 받침대로 받혀서 서재공간 여기저기에 앉혀 놨다. 오늘은 열 분의 분재가 내 서재를 찾아준 진귀한 방문객이 된 셈이다.

실은 말이 분재지 분에서 제멋대로 자라 온 나무일 뿐이다.

성장을 알맞게 억제하고 가지에 철사를 감아, 절묘한 수형을 창출해 내는 분재가의 예술적 작품과는 거리가 멀다. 그러니 나무 모양새는 엉망이다.

그런데도 서재의 분위기가 왜 이렇게 금시 달라지는 것일까. 싱싱한 생명의 빛깔 때문일까. 아니면 피부에 묻어 흐르는 풋풋한 내음 때문일까. 촌노의 서재에 옛 선비의 문자향이나 서권기는 기대할 수 없지만 무엇인가 변화가 인다.

방 안에는 차츰 심산의 정기 같은 것이 감돌기 시작한다. 마침내 내 육신의 깊숙한 곳까지 맑은 수액이 스며드는 것 같다. 자그마한 나무들이 저마다 잎새를 통해 숨가쁘게 호흡을 하다말고 나에게 손을 내어민다. 내 영혼에 진동이 일면서 알 수 없는 소통이 이뤄진다고 할까.

나무들은 모두 서로가 다른 수종들이다. 따라서 잎새도 다르고 빛깔도 다르고 나무의 모양이며 표정도 다르다. 이들은 저마다 독특하고 자연스러운 환상 같은 것을 지니고 있다.

소나무에는 志士의 기개가 숨어있고, 느티나무에는 仁者의 덕성이 보인다. 烏竹에는 문사의 재기가 번득이는가 하면, 細竹에는 여인의 한이 묻어있다. 소사나무에는 武人의 위세가 깃들어 있고, 진백나무에는 선비의 고고함이 엿보인다. 홍단풍나무에는 풍류객의 멋을 느낄 수 있는가 하면, 모과나무에는 서민의 애환을 볼 수 있다. 白梅에는 소녀의 애틋한 기도가 스며 있다.

나는 지금 이들과 친구가 되기 위해 矜心과 慢心과 貪心으로 무장된 내 껍데기를 벗어던지고 있다. 사람이 필순의 유역에 이르게 되면 가장 먼저 찾아오는 無爲苦와 고독고라고 한다.

이제 나무도 풀도 바위며 구름이며 새와 벌레까지도 친구가 될 수 있다. 할 일도 많다.

알에서 깨난 새끼들이 무리지어 살 수 있도록 이들을 보살피다 지쳐서 탈진한 가시고기가 생각난다. 마침내 죽어서 새끼들의 먹이가 되는 가시고기. 사람들의 자식 사랑도 이와 비슷하지 않을까.

드디어 빈털터리가 된 노인을 괴롭히는 빈고와 병고를 어찌 할까. 언제 가도 좋은 나이가 되면 끼니만 해결되어도 감사하는 마음으로 자족해야 하리라. 병이 덮치면 병을 달래가면 병과 친구가 돼서 공생할 궁리를 해야 하지 않을까.

눈이 침침하면 큰 것만 보라는 뜻이요, 귀가 어두워지면 작은 소리는 듣지 말라는 소리요, 이가 빠지면 육식을 삼가라는 뜻일 것이다. 입맛이 없으면 소식하라는 뜻이요, 다리에 힘이 빠지면 가벼운 산책만 즐기란 뜻이 아닐까.

기억력이 감퇴하는 것은 부질없는 것들을 죄다 잊어버리라는 뜻이리라.

'헛되고 헛되며 헛되고 헛되니 모든 것이 헛되도다.' 의 참뜻을 알면 그것이 곧 禪이요 도일지도 모른다. 선은 보일 시

示와 홑단單의 합성어가 아닌가.

분재에 달려있는 모든 잎새들이 잠시 잠깐 지나가는 내 속마음을 감지한 듯 언어의 장난이 역겨웁다며 등을 돌리고 있다.

교단일화(1)

권위가 해학을 만나면 모래성처럼 무너져버리는 것일까.

58년 봄, 포항중학교 교무실 직원조회 광경은 엄숙하고 무거운 분위기였다. 새로 부임해 온 강치봉 교장은 즉각 교훈부터 바꿔버렸다. '호연지기浩然之氣, 절차탁마切磋琢磨, 진眞, 선善, 미美 절대성 견지' 가 그것이다.

강 교장은 뜻풀이를 한번 해준 후로 매일 조회 때마다 내키는 대로 교사에게 지명해서 교훈 해석을 시켰다. 어쩌다 조금만 풀이가 잘못되면 공부 좀더 하라며 무안을 줬다.

오늘 아침은 또 누가 지명을 당하나 하고 긴장하고 있다. 그런데 교무실 귀퉁이에 앉아있는 K교사가 손을 번쩍 들었다.

"교장선생님, 오늘은 교훈 해설을 제가 한번 해보겠습니다."

"그렇게 하시오."

"옛날 중국에 호연지기란 사람이 살았는데 평생 절차탁마, 진선미 절대성만 뇌이다가 굶어 죽었습니다."

"핫핫핫핫… 헛헛헛헛……."

교무실 안에선 폭소가 터져 나왔다. 강 교장의 얼굴엔 분노의 빛깔이 살짝 지나갔다. 교장은 침착한 언조로 "오늘 조회는 그만하고 김 선생은 내 방으로 좀 오세요." 했다.

교무실 공기는 일시에 차분하게 가라앉았다. 그리고 긴장했다. 강치봉 교장이 보통 교장인가. 그는 경도제국대학 정경학부 출신이요, 일정 때는 만주국 건국대학 교수였다. 6·25 동란 틈에 월남한 노학자 아닌가. 인품과 학식과 권위의 삼각구도가 내면에 꽉 차있는 분이다.

우리는 걱정했다. K교사는 이제 벽지로 쫓겨 간다고.

K교사는 싱글싱글 웃으며 바짓가랑이 옷을 걷어 올린다. 냇물 건너갈 사람처럼. 그리고 손에 회초리를 들고 교장실로 들어간다. 우리는 문틈으로 그를 지켜본다.

"교장선생님, 교무실 분위기가 너무 딱딱해서 한번 웃어보려고 제가 장난을 쳤습니다. 이 회초리로 때려주시고 용서해 주십시오."

정중하게 올리는 회초리를 받아든 교장은 "핫핫핫…" 파안대소로 크게 웃으며 말했다.

"전 선생님들이 이미 호연지기에 젖어있는 것을 나만 몰랐구나. 내일부터는 교훈 해설은 없다."

어느 날 노자老子의 스승이 입을 크게 벌리고 노자에게 말했다.

"내 입속에 뭣이 보이느냐."

"혀가 보입니다."

"그 밖에 보이는 것은 없느냐."

"예, 이는 다 삭아 없어지고 보이질 않습니다."

가난하고 배고픈 시절, 교사들은 나라에서 주는 봉급보다 육성회 수당이 더 큰 보탬이 됐다.

헌데 포항중학교는 내핍생활에 익숙한 강치봉 학교장의 고집으로 그 액수가 늘 적었다. 반면에 학교의 재무구조는 튼튼했다고 할까.

교사들이 집단으로 따지고 항의하고 투쟁을 벌려도 별무소용이다. 그러던 어느 월요일 아침 회의 때, B교사가 주생활 목표를 발표하면서 사단이 생겼다.

"금주 주감週監으로서 주훈週訓을 말씀드리겠습니다. 금주 주훈은 정리정돈을 잘 하자입니다."

갑자기 목소리를 팍 낮춰서 모기소리처럼 중얼거렸다. 학교장은 놀란 표정으로 말한다.

"박 선생, 어디 아파요?"

"아니올시다. 배가 고파서요."

"교무주임, 박 선생이 왜 저래요."

"저도 아침을 굶고 왔습니다."

"교감선생님, 직원들이 스트라이크하는 겁니까?"

"저도 쌀이 떨어져 도시락을 못 싸왔습니다."

그제서야 교장은 무슨 뜻인지 알았다며 입이 귀에 걸리도록 웃어댔다. 그 달부터 육성회 수당은 배로 껑충 뛰어올랐다.

60년 3월, 어느 토요일 방과 후 운동장에는 학교장의 훈화를 듣기 위해 전교생이 정렬해 있었다.

학교장은 정·부통령 선거에 관한 얘기로 입을 뗀다. 자유당정권의 압력을 받은 모양이다. 교정 여기저기 정보계 형사들이 지켜보고 있다.

"우리나라가 발전하자면 대통령엔 이승만 박사, 부통령에는 이기붕 선생이 선출돼야 합니다. 내 말을 잘 듣고 집에 가면 부모님께 그대로 전달해야 합니다. 온 국민들은 바다요, 자유당 정부는 바다 위에 떠있는 배입니다. 바다가 흔들리지 않고 조용해야 배가 항해를 할 수 있습니다. 요즘 바다가 너무 풍랑을 일으키고 있습니다. 대통령은 이승만 박사 단일 후보니까 염려 없지만 부통령이 문제입니다. 부통령은 이기붕 선생이 당선돼야 합니다. 만송 이기붕 선생께서는 미국 아이오와주에 있는 데이버대학을 졸업했습니다. 그 대학은 고등학교 출신이면 누구나 입학할 수 있는 수준 낮은 대학이란 사실을 발설해서는 안 됩니다. 알았지요. 만송 선생은 미국에서 공부를 마치고 1934년에 귀국했습니다. 한동안 일자리가 없어서 조선총독부 관리들에게 접근해서 취직 부탁을 했다는 것을 말해서는 큰일 납니다. 입을 꼭 닫아둬야 합니다. 해방 직전에는 서울에서 가장 많은 기생을 두고 술과 요리를 파는 명월관에서 지배인 노릇했다는 사실을 누설하면 크게 다치니까 말조심해야 합니다."

그날 직원조회 시간에는 당태종唐太宗의 양신 위징魏徵의 수능재주水能載舟, 역능복주亦能覆舟를 풀이해줬다. 바다는 배를 띄우기도 하지만 뒤엎어버리기도 한다. 뒷날 알았지만 그때 당국에서는 강 교장 구속여부를 두고 격론이 벌어졌다고 한다. 배는 바다를 두려워할 줄 알아야 하리라.

교단일화(2)

위기가 더할 나위 없이 좋은 기회가 될 수 있다.

60년대 초 포항수산고등학교는 이름뿐인 껍데기만 있고 실험실습실은 폐품창고를 방불케 했다. 그런데도 생선통조림이 나오고 선박기관 소리가 쿵쿵 나는 것을 보면 참으로 신기했다.

식품가공과와 동력기계과는 그렇다 치더라도 폐기처분 직전의 낡은 배 한 척을 갖고 해양수산과를 어쩌고 하는 것은 신화 같은 얘기이다.

그런데도 김유식 교장의 포부는 바다만큼이나 크고 넓다고 할까. 늘 기백은 퍼렇게 살아서 파도처럼 출렁거렸다. 그의 입버릇은 바다다. '바다를 정복하는 민족이 세계를 지배한다.' '바다는 무궁한 자원의 보고다.' '우리의 미래는 바다

에 있다.'

김 교장의 신념과 열정이 어느덧 학생들에게까지 번지고 옮아가서 모두들 꿈에 부풀어 있었다. 교사들도 덩달아 바다를 동경하게 됐다고 할까.

그러던 어느 해 봄, 도 학무국(당시는 교육청이 도지사 산하에 있었다) 관리과장 일행이 시설 점검차 학교에 왔다. 학교 시설을 둘러보고 실습선을 탔다. 배의 기능을 알아보려는 것이었다.

배가 영일만을 돌다 갑자기 엔진이 멈췄다. 배는 여지없이 파도에 흔들리며 망망대해를 표류하기 시작했다. 실습선을 탄 우리는 일엽편주에 목숨을 건 꼴이 됐다. 떠들썩하던 갑판 위에 잠시 불안한 침묵이 흐른다.

다음 순간 모두 겁에 질려 창백한 얼굴로 떨고 있다.

한동안 흔들리며 떠내려가던 배에서 쾅쾅쾅 기관소리가 터져 나왔다. 일본 해양대학 출신의 엔지니어요 마도로스였던 김 교장의 기술이 우리를 살렸다. 그가 직접 엔진 수리를 했던 모양이다. 배는 늦었지만 무사히 귀항했다.

그 뒤 현대식 장비를 갖춘 새 실습선이 배치됐다. 나는 지금도 그 때 그 일이 김 교장의 연극이 아니었던가 의문을 느끼곤 한다.

빅토르 위고의 『레미제라블』에는 밀리에르 신부가 등장한다. 은촛대를 훔쳐갔다 잡혀 온 장발장을 풀어주려고 선물로 줬다는 신부의 증언은 감동적이다. 그러나 이것은 소설이다.

70년대, 대구여중은 학교 시설이 좋기로 유명했다. 특히 과학실험실에는 환등기며 현미경이며 망원경이며 값비싼 기자재가 많았다. 따라서 실험실은 철창으로 둘러싸여 있었다.

어느 날 밤, 숙직 근무 중이던 한 교사가 소사와 함께 새벽 순찰을 나섰다. 과학실 근방에 왔을 때 인적기가 느껴졌다. 살펴본즉 과학실에 도둑이 든 것이 아닌가.

과학실 문을 열고 전깃불을 밝혔다. 기자재를 훔치고 있던 도둑이 깜짝 놀라 멈칫거리더니 금방 무서운 얼굴로 돌변했다. 망치와 쇠톱을 들고 있는 도둑은 출입문을 막고 서 있는 그들에게 달려들 자세다.

교사는 미소를 지으며 손사래 짓을 한다. 그리고 조용히 타이르듯 말한다.

"괜찮습니다. 놀라지 마십시오. 안심하십시오."

연신 괜찮다, 안심하라며 도둑 앞에 다가가서 "살다 보면 이런 일도 있지요. 인사나 하고 지냅시다." 하고 말했다.

그리고는 서 있는 도둑 앞에 무릎을 꿇고 절을 했다.

"처음 뵙겠습니다. 저는 교사 최해준이라 합니다. 잘 오셨습니다. 곁에 있는 사람은 고용원 박주사입니다."

도둑은 긴장을 풀고 마주 앉게 됐다. 어젯밤 먹다 남은 술을 가져오게 해서 서로 한 잔씩 마시며 괴로운 심사를 터놓기 시작했다.

"얼마나 딱하고 급했으면 이 새벽에 학교까지 찾아오셨겠습니까?"

"실은 제 딸년이 국민학교 6학년인데 수학여행을 간답니다. 오늘까지 여비 5천원을 내야 되는데 돈을 마련할 길이 없어 그만…."

"아, 그 정도 같으면 내가 도울 수 있습니다."

최 선생은 지갑에 있는 돈을 몽땅 끄집어냈다. 6,500원이다. 그 돈을 손에 쥐어 주면서 말했다.

"앞으로도 정 어려운 일이 있으면 나를 찾아 주십시오."

도둑은 그 돈을 들고 울먹이며 몇 번이나 고맙다고 절을 하고 어둠 속으로 사라졌다.

두어 달 후에 소문이 났다. 그는 우리 곁에 살아있는 도인이었다고 할까.

강의 중간에 삽화 하나 끼워 넣는 것이 나의 버릇이었다. 우리나라 초 · 중등 교장 자격을 취득하자면 한국교원대학에 와서 강습을 받아야 한다. 나는 여기에 출강하면서 이 버릇으로 인해 하나의 전설을 만들었다고 할까.

한 번은 강의 도중에 하동 섬진강변의 한 소녀 이야기를 했다. 강변에 죽어 버려진 물새 한 마리를 치마폭에 싸서 양지에 묻어주고 이듬해 봄엔 풀꽃을 따다 뿌려주던 그 동심을. 그리고 강의를 다 마치고 나오자 한 여자 수강생이 뒤따라 나와서 나에게 말을 건네온다.

"혹시 선생님 유년기 때 이름이 '연아' 아닙니까?"

그렇다고 했더니 그녀는 자기가 바로 죽은 새를 묻어줬던 소녀 '숙분'이라고 하지 않는가. 나는 깜짝 놀라 그녀의 두 손을 마주 잡고 탄식하듯 말했다.

"근 반세기 동안 어디서 어떻게 살다가 오늘 여기서 이렇게 만나다니."

그녀는 어렸을 때 나의 소꿉친구였다. 초등학교 입학할 무렵 그녀는 부모와 함께 고향을 떠났다.

그날 밤 늦도록 두 사람의 대화는 소설로 쌓여갔다. 허나 뛰어넘을 수 없는 강이 흐르고 있음에랴.

교원대학 9년간의 출강은 이런 저런 일로 내 삶의 보람이요 행복이었다고 하리라.

교단일화(3)

'라도' 선생 시대가 있었다. 여기도 저기도 취직이 안 되서 선생이라도 해야지 하고 교직에 들어온 교원들이다.

70년대 말부터 우리 경제가 가속도를 타고 놀랍게 급성장하기 시작했다. 그 무렵 대학 졸업생 중 대부분의 인재는 무역회사, 공기업, 금융기관 등 양질의 일자리로 빨려 들어갔다. 심지어 사범대학, 교육대학 출신도 더러 빠져나갔다.

교육계에서는 교원수급이 제대로 되지 않아 함량미달의 인력이라도 받아들여야 할 판이었다. 단기 강습으로 교원자격을 줘서 초 · 중등학교에 배치했다.

그리고 몇 해 뒤 나는 대구 시내 모 중학교에 장학지도를 나가게 됐다. 학교장의 학교 운영 방침도 듣고 교사들의 수업도 참관했다. 학습지 도안을 위시해서 교무 관계 서류를 점검

하다가 학생들의 생활기록부를 보게 됐다.

생활기록부의 종합란에서 시선이 멈춰 섰다. '이 학생에 대해서 상세적으로는 모르나 보통적으로 봐서 촌닭 장에 갖다 놓은 것처럼 어리버리함', '이 학생은 집회 때마다 미꾸라지처럼 잘 빠짐', '이 학생은 정직적임', '이 학생은 보통적임'

이럴 수가 있나. 기가 막혔다. 학생들의 성품과 특기, 소질과 취미, 희망과 가능성… 이런 것을 요약해서 기록하는 난인데. 교장, 교감의 검인도 뚜렷이 찍혀있지 않은가.

생활기록부를 학교장에게 보여줬다. 그는 부끄러워하며 탄식했다. 그 후 관계 교수를 초빙해서 여러 달 동안 자체연수를 했다고 한다. 후반기 장학지도 시 재검을 한 바, 생활기록부는 비로소 공문서답게 올바르게 손질 돼 있었다.

유신말기의 정치상황은 험악하고 살벌했다. 나는 그 무렵 경북의 오지, 영양군으로 일자리가 옮겨졌다.

나뭇잎새가 무성한 초여름 어느 밤, 그날따라 보름달은 유난히 밝고 소쩍새는 애타게 피울음을 토하고 있었다.

이 밤을 어떻게 지새울까. 뜰을 서성거리고 있을 때, 영양여고 최교장으로부터 전화가 왔다. 도저히 잠을 이룰 수 없으니 술 한 잔 같이 하자는 것이 아닌가. 무척 반가웠다.

밤은 이미 이슥한데 둘은 장터 귀퉁이 주막에서 술을 퍼마시기 시작했다. 술단지에 푹 빠져들자 몸이 풀리고 말이 헤퍼졌다. 앞에 앉은 주모가 절세미인으로 보이질 않는가. 드디어 우리는 대취한 나머지 신분도 체면도 인격도 다 벗어던졌다.

마침내 두 사람은 밤거리로 뛰쳐나왔다. 통행금지 고동이 분 지가 두어 시간이 지났는데. 더구나 민주화세력의 항거로 부마사태釜馬事態가 터지고 시국은 칼날처럼 긴장해 있을 때가 아닌가.

취객이 그런 것을 알 리가 없었다. 적막에 휩싸인 읍내 중앙통을 둘이서 손잡고 큰 소리로 노래 부르며 활보했다.

벌써 지방유지들 사이에는 소문이 돌고 있었다. 교육장과 최교장이 큰 실수를 저지르고 있다며. 이윽고 그들의 의논이 하나로 모아졌다. 오늘밤 그들은 책임이 없다. 죄가 있다면 유별나게 밝은 보름달이 유죄다. 밤새껏 슬피 우는 소쩍해도 공범이다.

지역 원로 두 분이 치안책임자에게 전화를 넣어 잠을 깨웠다. 그간의 사정을 알리고 무사 귀가하도록 보살펴 달라고 간청했던 모양이다.

경찰서장의 응답은 명쾌했다.

"보름달이 유죄고 소쩍새는 공동정범이라… 맞습니다. 순찰 경찰관에게 잘 모시도록 조치하겠습니다."

지금도 그 후덕한 인심에 감동한다.

전두환 대통령이 취임선서를 마치고 며칠 뒤 성묘하려 고령군으로 내려왔다. 예고도 없이 헬리콥터로 날아와서 산소로 직행했다. 고령군수와 경찰서장, 교육장 세 분만 영접하도록 내밀히 연락이 왔다. 우리는 합천군과 고령군 경계지점에 있는 산소로 갔다.

가야산의 한 줄기가 서남쪽으로 뻗어 내려 황강 기슭에 멈춰 선 곳에 묘소가 자리 잡고 있지 않은가. 문외한이 봐도 빼어난 명당 같았다고 하리라.

삼엄한 경호선이 이중삼중으로 둘러쳐 있었다. 우리는 신분이 확인되자 곧 대통령 내외분 앞으로 안내됐다. 두 분은 의전 절차에 따른 신고도 받지 않고 환하게 미소 지으며 손을 내밀었다.

"어서 오십시오. 반갑습니다. 예까지 오시게 해서 미안합니다."

대통령 내외분을 중심으로 우리는 묘 앞 잔디밭에 앉았다. 우리 뒤쪽에는 비서실장과 경호실장이 자리하고 있으며 저만치 떨어진 곳에 경호관들이 서 있었다.

대통령은 아득히 황강을 내려다보며 어린 시절을 회상한다. 유년 시절 발가벗고 황강에서 멱 감고 고기 잡던 일이며 대구공고 다닐 때 고령읍내 어느 중국반점에서 외상 자장면 먹던 그 날을 이야기한다. 너무나 소박하고 서민적이며 꾸밈없는 어투에 우리는 금방 친근감을 느꼈다고 할까.

도시락이 배달됐다. 이웃집 아저씨 내외와 소풍 나온 기분으로 편안하게 점심을 즐긴다. 내 곁에 앉아있던 S서장은 연신 내 엉덩이를 쿡쿡 찌른다. 대통령에게 간청해 달라는 뜻이 아닌가. 나는 마침내 입을 뗐다.

"각하, 앞에 앉아있는 경찰서장의 어깨 한번 봐주십시오."

"오, 아직 경정이네요."

"각하, 평생 경찰에 몸담아 있다가 총경이 돼서 퇴임해야 안 되겠습니까. 경찰 인사규정에 정년 1, 2년 남겨두고는 승진이 안 된다고 합니다."

"아, 그래요. 챙겨보겠습니다."

무심코 시간은 흘렀다. 눈이 펑펑 쏟아져 내리는 어느 날 저녁 무렵, S서장한테서 전화가 왔다. 덕택으로 총경이 됐다며, 그 규정이 바뀌어서 승진하게 된 총경이 전국적으로 10여 명이나 된다고 했다.

후덕하고 자상하고 인간미 넘치는 대통령에게 내 개인적으로는 지금도 감사를 드린다.

스쳐 가는 봄

아파트 현관 옆에 나무 한 그루가 서 있다. 겨우내 속살을 드러내고 떨고 있었다. 그 동안 냉기를 씻어내는 비가 몇 차례나 쏟아져 내렸던가. 어느새 좁쌀 같은 겨울눈[冬芽]이 탁 틔어서 노란 꽃으로 주렁주렁 달려있다. 이 산수유 나무가 해마다 가장 먼저 나에게 계절이 바뀌었음을 알려 준다고 할까.

나는 긴 겨울잠에서 깨어난 곰처럼 어슬렁거리며 뜨락을 둘러본다. 기온 변덕 때문일까, 여기저기 자목련이며 진달래며 개나리… 등 이른 봄꽃들이 동시에 피어나 저마다 예쁜 자태를 겨루고 있다.

뒤란으로 나가 정원을 거닐어 본다. 은행나무, 느티나무, 단풍나무… 등 낙엽수들이 푸른 잎새를 힘차게 밖으로 내밀고 있지 않는가. 양지바른 땅에는 둑새풀, 고추풀, 냉이, 쑥…

등 잡초들이 초록빛을 깔고 있다. 텃새들은 연방 나무 사이를 분주하게 날아다니며 옥구슬을 뿌리고 있다.

소나무 가지에 걸쳐 둔 거미줄에 애벌레 두 마리가 잡혀 있다. 거미는 보이질 않는다. 살려고 꿈틀거리는 것을 못 본 척 지나친다. 벌 나비는 활동하기에 아직 이른 것일까.

어린 아이들이 엄마와 함께 뜰에 나와 놀고 있다. 까치와 비둘기도 노닐고 있다. 아이들이 다가오자 까치는 껑충껑충 뛰다가 훌쩍 날아간다. 비둘기는 뒤뚱뒤뚱 걷다가 후닥닥 나무에 날아오른다. 오가는 사람들의 얼굴엔 새 희망이 담겨 있는 듯 보인다.

간밤에 비를 내렸던 하늘이 오늘은 맑고 푸르다. 따뜻한 햇볕과 산뜻한 공기, 꽃과 향기와 푸른 잎새들의 향연. 아름답고 찬란하고 황홀한 봄을 팔순의 어귀에서 또 맞게 된 감격. 문득 천지의 사방에 대고 머리 숙여 절을 하고 싶다.

나는 근년에 와서 봄이면 자연의 기운을 어떻게 좀 받아들여 감기를 떨쳐내고 건강할 수 있을가 궁리해보곤 한다. 햇볕의 온기, 봄비의 생기, 흙의 덕기, 잡초의 활기, 잎새의 윤기, 꽃의 향기, 바람의 화기… 등을 온몸으로 향유하고 싶어 욕심을 부린다.

하나 부질없는 범부의 백일몽이었다고 할까. 마음의 호숫가를 서성이다가 호심에 일렁이는 나의 모습을 보고 놀란다. 벗어던졌다 싶으면 또 새롭게 걸치게 된 온갖 장식의 누더기.

장식의 근원에는 자신을 돋보이고자 하는 어리석은 욕심이 숨어 있었다. 실오리 한 가닥의 위선도 없을 때 자연의 기는 스스로 스며드는 것을.

늙어가면서 생존의 본능에 합당한 최소한의 욕심을 남겨두고 죄다 버려야 함을 이 봄에 다시 되뇌어본다. 노욕의 횡포가 자신의 파멸은 물론, 선량한 이웃까지 비극의 나락으로 몰아넣는 경우를 얼마나 많이 봐왔던가.

저만치 이웃해 서 있는 학산이 오늘따라 나에게 손짓을 한다. 발걸음을 옮겨 산으로 향한다. 소나무 숲에선 젊은이들의 웃음소리며 노랫소리가 산새들의 지저귐과 섞여서 이리저리 떠다닌다. 너도밤나무들은 연푸른 새잎새를 반짝이며 햇빛을 받고 섰다. 봄 산은 노래 부르고 여름 산은 춤추고 가을 산은 그림 그리고 겨울 산은 명상에 잠긴다고 할까.

나뭇가지에서 날다람쥐 한 마리가 나를 보고 놀란 듯 눈알을 굴리다가 멀리 도망쳐 버린다. 작은 짐승이 덩치 큰 동물을 만나면 피해 가는 것이 그들의 습성이겠지만, 사람은 더욱 무서운 모양이다.

어쩌면 자연 속에서 가장 영악하고 잔인한 괴물은 사람인지도 모른다. 사람에게는 천사의 손길이 있는가 하면 악마의 이빨도 있다.

자연에는 해변의 모래알처럼 많은 생명체가 살고 있다. 자연은 이 생명체들을 눈에 보이지 않는 끈으로 연결해 두고 있지 않는가. 함이 없으면서 하지 아니함이 없이 생명체의 종種에 천적을 만들어 세력의 균형을 잡아준다. 모든 존재를 꾸준히 변화시켜서 태어남과 소멸을 주관하고 있다.

우리가 흔히 말하는 창조주나 조물주나 초월자는 바로 자연이 아닐까 싶다. 사람들은 종교에 따라 경외하고 순종하며 신앙하는 신을 하나님, 부처님, 알라신, 범천왕, 옥황상제, 하늘…이라고들 한다. 하지만 이들은 모두 자연의 동의어요 대명사일지도 모른다는 생각이 온다.

어쩌면 천당과 극락도 자연 속에 있고 연옥과 지옥도 자연 속에 있으리라. 마침내 각자의 마음속에 있지 않을까. 자연 속에 있는 만물은, 그것이 소똥이든 말 눈곱이든 티끌이든 모두가 소중하고 의미 있고 그 자체로 진리이리라.

오늘도 지구촌 곳곳에서는 온갖 핑계로 자연을 더럽히며 부수며 죽이고 있다. 인간의 문명 열차는 마침내 종말을 향하여 돌진하고 있는 것이 아닐까.

더 이상 생태계를 파괴하지 않고서도 풍요롭고 안락하고 편리한 삶을 누릴 수 있는 지혜를 모아야 하리라. 깊은 오뇌와 고민으로 하늘과 땅이 함몰하는 죽음의 부메랑을 피해 가야 하지 않겠는가.

한 줄기 산바람이 나무숲을 흔들고 지나간다. 아기의 살 냄새 같은 향기가 코끝에 와 닿는다. 흐뭇한 충만감이 가슴에 차오른다고 할까. 뭇 생명의 어머니요 우리들의 영원한 고향인 자연의 사랑에 감동해서일까, 눈시울이 젖어온다.

이 순간에도 자연은 봄의 풍광을 줄줄이 거느리고 떠나가고 있다. 변심한 연인이 나를 남겨 두고 가듯이, 나는 돌아보지도 않고 가시는 봄의 뒷모습을 하염없이 바라볼 것이다.

다시 오시는 그 날을 기다리고 늙어가면서.

보름달이 유죄有罪, 소쩍새는 공범共犯

유신말기의 정치상황은 험악하고 살벌했다.

그 무렵 나는 경북의 오지, 영양군으로 일자리가 옮겨졌다. 워낙 산중 고을이라 유배지로 쫓겨가는 서글픈 생각마저 들었다. 허나 이내 그 곳 산수와 인심에 따뜻이 보듬겨져서 세상 바뀌는 줄도 잘 모르고 삼 년 새월을 훌쩍 흘려 보냈다.

영양은 산이 깊고 물이 맑았다. 수림이 울창해서 공기가 신선하고 하늘은 더없이 높고 깨끗했다.

해가 지면 밤 하늘의 야경이 더욱 아름다웠다. 그 많은 별들은 저마다 보석처럼 반짝이며 천상의 향연을 베풀곤 했다. 마음이 가난한 사람은 그 향연에 초대되어 자신의 실체를 비로소 깨닫고 부질없는 집착에서 벗어나 본다.

봄 가을 여름 밤마다 애타게 우는 소쩍새의 울음소리는 사람들의 가슴을 쓸어 내리고 또쓸어 내린다. 마침내 맺히고 서린 한과 서러움을 깨끗이 풀어내어 가슴을 텅 비게 만든다.

개구리 소리는 들떠 있는 마음을 차분히 가라앉힌다. 무엇인가를 생각게 하고 자꾸만 깊은 곳으로 그 생각을 유도해 간다.

음악 소리는 사람의 마음을 허공 속으로 증발시킨다면 개구리 소리는 자기의 참모습을 찾아 스스로 마음의 골짜기를 헤매게 한다.

불가佛家에서의 최고의 이상경을 열반이라고 한다. 열반이라 함은 번뇌의 불길을 불어서 끈다는 취소取消(nirvana)의 뜻이 아닌가. 개구리 소리를 밤이 이슥하도록 혼자 듣고 섰으면 드디어 열반의 경지에서 불사선不思善 불사악不思惡을 느끼는 순간을 맛보게 된다. 개구리 소리를 들으며 이러한 순간을 느끼지 못한다면 그는 동양의 진수를 안다고 할 수 없으리라.

인류의 역사는 시간의 선 위에 굴러가는 소리와 모습의 함수 관계라고 할까. 세상이 달라지면 소리도 변하고, 소리가 달라지면 세상도 변해 갔다. 이제 이 지상에서 자연의 소리는 차츰 문명의 소리에 밀려나고 있다. 개구리 소리는 더욱 그렇다. 문명의 소리와 자연의 소리가 조화를 잃을 때 인간 세상은 어떻게 되는 것일까.

문명의 소리가 동動이라면 자연의 소리는 정靜이다. 그리고 개구리 소리는 선禪일지도 모른다. 개골 개골 개골 가르르 갸갸 갸갸. 개구리 떼들이 연신 울고 있다. 나는 먼 훗날 애환을 모르는 한 개 바위가 되어 해마다 제비꽃 필 무렵이 되면 개구리 소리에 부딪치며 무거운 침묵에 잠기고 싶다.

커다란 보름달이 영 위에 걸리면 지상의 모든 존재들은 황금빛 비단옷을 갈아입고 고요의 바닷속으로 빨려들어 선정의 열락을 즐기게 된다.

영양은 삼불차三不借의 고울이다. 사람을 빌리지 않고 글을 빌리지 않으며 또한 재물도 빌리지 않는다고 한다.

한 마을에서 박사가 십여 명이나 배출될 정도로 인재가 많은 고장이다. 글이 흔해서 관내의 비명碑銘, 제문祭文, 정기亭記…… 등 문장은 이곳 문사들이 쉽게 해결해 버린다. 재물을 빌리지 아니함은 지족을 알기 때문이리라. 주민들의 삶은 크게 넉넉하지는 않지만 그렇게 궁색하지도 않다. 고추, 담배, 고랭지 채소, 일월산 산나물…… 등 농가 소득은 제법 짭짤했다. 엽연초 수납 때가 되면 영양읍은 흥청망청이다. 도시의 유녀들이 이곳 주점으로 잠시 몰려든다.

인심은 온후하고 순박했다. 허지만 비루하고 그릇된 짓거리는 그냥 봐 넘기지 않는다. 사슴같이 온순하다가도 갑자기 호랑이가 되기도 한다. 그래도 악의 없는 실수는 넉넉한 아량으로 덮어주고 감싸 주기도 한다.

한 번은 이런 일이 있었다.

나뭇잎새가 무성한 초여름 밤, 그날따라 보름달은 순금으로 된 징처럼 커다랗게 중천에 달려 있었다. 소쩍새는 연신 쏟아지는 금빛 가루를 사방으로 흩으며 애타는 울음을 토해 내고 있었다.

어찌된 일일까. 그날 밤은 소쩍새 우는 소리가 가슴을 쓸어내리기는커녕 도리어 슬픔 고독 좌절 소외 분노…… 이런 것들로 창자를 뜯어내듯 마음을 아프게 했다. 잠이 올 리가 없다. 이 밤을 어떻게 지새울까, 뜨락에 나와 서성거리다 툇마루에 걸어앉아 본다.

이때, 따르릉 전화벨이 울려 왔다. 영양여고 최교장 목소리다. 도저히 잠을 이룰 수 없으니 술 한잔 같이 하자는 제의가 아닌가. 무척 반가웠다. 그도 나와 같이 가족을 대구에 두고 혼자 와 있는 처지였다.

밤은 이미 이슥한데 둘은 장터 귀퉁이 한 주막에서 마주앉았다. 때때로 들른 적이 있어 주모는 얼른 알아차리고 술상을 내어 왔다. 우리는 별말 없이 술잔을 주고받으며 위 속에 술을 들이부었다.

안동 소주 십여 잔을 들이키고 나니 몸이 쫘악 풀리는 해구解軀 현상이 왔다. 이제 주모까지 끼어들어 주거니 받거니 한다. 점차로 말이 헤퍼져서 해구解口가 되고 문학 철학 종교가 어떻고 멋대로 떠들어댔다. 연신 술을 마신다. 이젠 맥주다. 웬일일까. 늙은 주모가 금시 미인으로 둔갑해서 교태를 부리고 있지 않는가. 술이 지나치면 해색解色이 되어 미추가 분별이 안 된다더니 그런 것이었을까. 맥주 일곱 병 비우고 보니 마음이 바다보다 더 넓고 편안할 수가 없었다. 이것을 해증解憎이라 했던가.

이제 둘은 혀가 꼬부라져서 발음이 제대로 되지 않는다. 그런데다 맥주 두어 병을 또 몸 속에 쏟아 넣었다. 둘은 그야말로 해격解格이 와서 서로의 신분도 체면도 인격도 다 벗어 던지고 오십대 중반의 무지막지한 남자로 전락해 버렸다.

마침내 두 사람은 거리로 뛰쳐나왔다. 아직도 소쩍새는 소쩍소쩍 피를 토하고 온 동네를 죽음의 적막 속에 묻혀 있었다.

부마사태釜馬事態가 터지고 시국은 칼날처럼 긴장해 있을 때가 아니었던가. 허나 대취한 취객이 그런 것을 알 리가 없었다. 우리는 그저 옥고로 신음하던 죄수가 어느 날 돌연히 세상이 바뀌어 풀려난 듯 천하에 아무런 거리낌이 없었다. 읍내 중앙통을 둘이서 손 잡고 휩쓸며 전진했다. 큰소리로 노래도 부르면서.

뒤에 안 일이지만 우리가 주막에서 녹수를 퍼 마시고 있을 때 벌써 관내 유지들 사이에 소식이 돌고 있었다. 그들은 전화통을 들고 서로 걱정을 했다. "통금 고동이 분 지가 두 시간이 지났는데……." "경계가 삼엄한 거리로 나오면 즉각 파출소로 연행될텐데……. 소위 교육자란 사람들이 비상시국을 망각하고 만취해서 통금도 위반하고…… 어쩌고저쩌고 떠들어대면 좋을 리가 없는데……." 하고.

마침내 그들의 의논이 하나로 모아졌다. 오늘 밤 교육장과 교장은 책임이 없다. 죄가 있다면 유별나게 밝은 보름달이 유죄다. 밤새껏 슬피 우는 소쩍새도 공범이다. 지역 원로 두 분이 치안 책임자에게 전화를 넣어 잠을 깨웠다. 그간의 사정을 알리고 무사 귀가하도록 보살펴 달라고 간청했다.

경찰서장의 응답은 경쾌했다. "보름달이 유죄고 소쩍새는 공동정범이라……. 맞습니다. 순찰 경관에게 잘 모시도록 조치하겠습니다."

심심해서 장온고張蘊古의 대보잠大寶箴과 정정숙程正叔의 사잠四箴을 읽다 말고 문득 영양 시절 나의 추태를 떠올렸다. 큰 실수도 선의로 보면 삼월 달의 잔설이 되고 작은 실수도 악의로 파헤치면 삶을 어긋나게 만드는 사단이 된다고 했던가.

세상에는 독버섯도 있지만 아름다운 인정의 꽃은 더욱 많았다고 하리라.

잃어버린 그림 한 장

전화가 왔다.

옛 제자들로부터 나를 한 번 만나 보고 싶다는 전갈이었다.

일시는 2002년 5월 9일 12시, 장소는 대구호텔 3층 소연회실.

수화기를 놓자마자 마음은 순식간에 52년 전 군위중고교로 달려갔다. 다음 순간 짙은 안개가 걷히면서 묻혀 있던 산천초목이 홀연히 나타나듯 그 시절의 정경이 뚜렷이 눈앞에 떠올랐다.

그들은 1950년 4월 1일, 내가 처음으로 교단에 섰을 때 가르쳤던 제자들이 아닌가. 따져보니 그들도 벌써 67, 8세의 노경에 이르렀으며 슬하에 아들딸 며느리며 사위며 손주까지 거느린 할아버지 할머니들이다.

같이 늙어 가는 처지에 잊어버려도 좋을 옛 선생을 찾아온다니, 고맙기도 하고, 미안하기도 하고…… 괜히 가슴이 설렌다. 그날 찾아오기로 한 제자들은 서울을 비롯하여 전국에 흩어져 살고 있는 남·여학생 8명. 그들의 이름과 함께 더러는 교복 차림의 청순한 모습으로 확연히 뇌리에 다가오는가 하면 더러는 먼 기억 속에서 아른거린다.

강산이 다섯 번이나 바뀌는 장구한 세월 동안 그들은 어떤 모습으로 변해졌을까. 6·25동란의 폐허 속에서 발전을 거듭하며 세계화 시대로 치닫게 된 오늘에 이르기까지 겪어야만 했던 수많은 격변의 거센 물결을 그들은 어떻게 뚫고 지나왔을까.

당시 나는 23세의 총각 선생이었다. 게다가 영어교사를 구할 길이 없어 영어 수업을 받지 못하고 있던 차 내가 영어를 가르치게 됐으니 그들에겐 꽤 인기가 있었던 것 같다.

나는 학생들과 학부모들의 열렬한 환영을 받으며 교직의 매력에 빨려들기 시작했다. 첫사랑의 열정 같은 그때 그 매력이 인연이 되어 나는 한평생 교편을 잡게 되었는지도 모른다.

학교 생활은 즐거웠다. 학생들과 함께하는 시간은 행복했다. 여학생들은 모두 나의 정인情人 같았다고나 할까. 남학생들은 사랑하는 아우들이었다. 어쩌다 결강 시간이 생기면 내가 기꺼이 그 시간을 메꾸었다. 그 시절의 교사생활이 가장 순수하고 정열적이고 의욕적이었다고 생각된다.

지금도 교직은 지순至純의 업業, 지고至高의 업, 지난至難의 업, 삼지三至의 업이라고 믿고 있는 까닭은 그때의 교편생활에서 연유되었다고 본다.

그 후 두어 달 뒤 6·25동란이 일어났다. 마침내 전선이 남으로 밀려 8월 중순 어느 날 밤 요란한 총성을 들으며 나 역시 마을 사람들과 함께 피난 길에 올랐다. 고향 소식은 끊기고 어머니와 형제의 안위를 알 길이 없었다. 피난민 신세가 된 나는 내 몸 하나 위탁할 곳이 없었다.

이윽고 나는 어머니께 보내는 유서 같은 마지막 편지를 써서 선배 교사의 부인에게 평화가 오면 부쳐 달라고 맡겼다. 그리고 같이 피난 길에 나섰던 군위고등학교 제자 십여 명과 함께 군입대를 자원했다.

즉각 제2군단 민사처에서 통보가 왔다. 나는 2군단 정훈부 문관으로 현지 임관되고 제자들은 부산 신병훈련소로 이송되었다. 그 후 수복되어 학교로 돌아왔을 때 군위 읍내는 잿더미로 변했고 교사校舍는 폭격으로 반파되어 있었다. 학생들은 다 어디로 갔는지 재적수의 절반도 모여들지 않았다. 피난 길에서 군에 자원 입대했던 그 제자들은 영영 다시 돌아오지 않았다. 그때의 그 비탄과 통곡은 지금도 가슴속에 눈물로 남아 있다.

안타까운 사연은 그뿐만 아니었다. 미처 피난 가지 못한 여중생 한 명이 적군 치하에서 여성동맹에 가입해 부역행위를 했다는 죄목으로 경찰에 구속돼 있었다. 그때는 부역자로 몰리면 생명을 보장받기 어려웠다. 즉결처분도 허다히 있었으니까. 학업성적도 가장 우수하고 용모도 빼어난 그 소녀가 불쌍하다며 전교직원이 애석해 하고 있었다.

마침내 나는 전교생의 이름으로 탄원서를 써서 구명운동에 나섰다. 군 당국과 경찰…… 등 백방으로 힘을 쓴 결과 J양은 석방됐다. 그러나 그 후 내가 근무할 3년 동안 그녀는 학교에 다시 나오지 않았다. 가족들과 함께 어디론가 자취를 감춰 버렸다. 오랜 시간이 흐른 뒤에도 나는 문득 생각나면 그녀의 소식을 수소문해 봤다. 그러나 알 길이 없었다. 그러던 그녀가 이번에 나를 만나러 온다니 더욱 기뻤다.

드디어 5월 9일, 그날이 다가왔다. 12시 10분에 호텔 현관에 들어서자 그들은 일제히 박수를 치며 나를 맞이했다. 나는 한 사람 한 사람 손을 꽉 잡으며 얼굴을 살펴봤다. 영락없는 노인들이 아닌가. 그런데도 그 옛날 학창시절의 모습이 그대로 남아 있었다. J양은 먼 하늘을 바라보며 한참 동안 내 손을 붙잡고 놓질 못했다.

연회실에 들어가자 그들은 잠시 예를 갖춰서 인사도 하고 선물도 내놨다. 돌아가며 한 사람씩 자기의 근황과 하고 싶은 말 한마디씩 했다. 그리고 점심을 들며 석양빛이 유리창에 비낄 때까지 방담이 이어졌다.

모두들 학창시절의 추억이며 살아온 발자취를 더듬거렸

다. 떠들썩 웃기도 하고 자랑도 하고 어쩌다 눈물을 글썽거리기도 하며 보석 같은 심중의 말을 쏟아내기도 했다. 나는 그들의 대화를 듣기만 하고 별말을 하지 않았다. 그저 그들의 주름진 얼굴에 깔려 있는 수많은 사연을 읽으며 묵언으로 그들과 대화를 나눠 봤다고 할까.

우리는 다 함께 손을 잡고 옛 노래도 불렀다. "내 놀던 옛 동산에……." "기러기 울어 예는……" "내 고향 남쪽 바다……"

모두들 콧날이 찡했으리라.

23세의 총각 선생이 이미 늙어 쭈그러진 몰골로 조는 듯 노래하는 모습을 보고 그들은 얼마나 실망했을까. 어쩌면 퇴락한 나의 형해形骸 속에서 그들 자신의 모습도 찾아보고 인생의 덧없음을 절감했을지도 모른다. 만나 봄으로써 도리어 아름다운 꿈이 산산이 깨뜨려지는 52년 만의 해후邂逅. 영원히 애틋한 그리움으로 남겨 뒀으면 좋았을 것을.

나는 해마다 가을 하늘 석양에 높이 떠 날아가는 기러기 떼를 보면 불현듯 마음의 밀실에 감춰 둔 그림 석 장이 눈앞을 스치곤 했다. 그러나 웬일일까. 올해는 그림 한 장이 끝내 나타나질 않는다.

이번 주말에는 비슬산 기슭을 찾아가 봐야겠다. 억새풀 꽃이 한창 아름다울 것이다.

잎새들의 향연

일요일에는 편안한 늦잠을 즐긴다. 나의 오랜 생활습관이다. 긴 밤의 휴식이 늘 고맙고 은혜롭기만 하다.

모든 사물들은 밤을 새우면 새 모습으로 하루를 열고 자기 몫을 다하기 마련이다. 발부리에 부딪히는 돌멩이 하나도, 길섶에 피어나는 들풀 한 포기도, 머리 위를 날아가는 박새 한 마리도 의미 있는 소중한 존재가 아닌가. 따지고 보면 우리와 멀리 끈이 닿아 있다.

나는 일요일 낮이면 집 근처에 있는 대학 캠퍼스로 산책을 나간다. 텅 빈 교정에는 교사 건물과 수목과 바위들이 무거운 침묵으로 졸며 앉아 있다. 교문 안 통로 여기저기에 걸려 있는 온갖 광고 현수막은 요란한 색깔과 글귀로 보는 사람의 눈을 어지럽히고 있다.

어슬렁거리며 교정을 한바퀴 돌아본다. 뛰고 있는 사람, 팔다리를 흔들고 있는 사람, 노목에 등을 쿵쿵 부딪치고 있는 사람…… 사람들이 나와서 운동하는 광경이 퍽 정겹고 한가로워 보인다.

이제 교정을 두 바퀴째 돌고 있다. 한바퀴 돌 때는 눈앞에 나타나는 사물만 보일 뿐이었다. 교정 군데군데 무리지어 서 있는 느티나무 은행나무 단풍나무…… 온갖 수종들은 저마다 가지에 무성한 잎새를 달고 봄의 정취를 그림으로 보여 주고 있다. 크고 작은 바위들의 배열과 축조, 연신 물이 치솟는 분수대와 전통양식의 팔각정, 명언을 음각해서 틈틈이 세워 둔 큰 바위들, 이들은 모두 하나로 아울러져서 어쩌면 미학의 경지에 이르렀다고 할까.

그러나 이번에는 느낌이 다르다. 정문 주변에 걸려 있는 각종 현수막에서 뭣인가가 튕겨져 나오고 있다. '최고' '최첨단' '초고속' …… 이런 낱말들이 탄환처럼 날아와 온몸에 박히는 것은 무슨 까닭일까. 식물이든 동물이든 인간이든 간에 그들에게 가장 소중한 것은 그들의 생명이다. 제동이 풀려 버린 과학 기술이 언젠가는 모든 생명을 일시에 깨뜨려 없애는 죽음의 마왕으로 군림하는 날이 오지 않을까. 괜히 불안하고 불길한 생각이 문득 스쳐 간다.

착잡한 심정으로 교정을 또 한바퀴 돌고 있다. 서서히 자연의 섭리가 보이기 시작한다. 차츰 자연과의 혼교魂交가 이뤄

지는가 하면 은밀한 대화도 오가고 있음을 느낀다.

5월의 봄은 잎새의 향연일지도 모른다. 기름방울이 뚝뚝 떨어질 듯 반들반들 윤기가 흐르는 나무 잎사귀와 들풀잎은 비단보다 더 곱고 꽃보다 더 현란하다. 나무와 풀뿌리들은 지난 겨울 엄동설한에도 인고의 아픔을 견디며 오늘의 향연을 기다려 왔으리라. 뿐만 아니라 그 혹한 속에서도 햇볕에서, 바람에서, 폭설과 흙 속에서 봄을 창조할 구도며 생기며 온갖 색깔이며 향기를 얻어내기 위해 치열하게 움직여 왔던 것이다.

인생의 봄을 꽃피우고자 하는 사람은 어떠한 어려운 처지에서라도 멈추지 않고 뭣인가를 쌓아 올리며 땀을 흘려야 한다는 말을 저들은 살며시 귀띔해 주는 것만 같다. 텃새들은 떼지어 이 나무 저 나무 옮겨 다니며 저들의 소식을 전하고 있다. 먼데서 뻐꾸기 소리도 들려 온다. 오늘따라 날씨마저 화창해서 감동이 더한 것 같다. 함이 없으면서 하지 아니함이 없는 자연의 생명력에 외경을 느끼지 않을 수 없다.

"하늘에는 별이 있고 땅에는 꽃이 피고 사람에겐 사랑이 있다." 나도 모르게 괴테의 시 한 구절이 불쑥 입에서 튀어나온다. 젊은 시절 즐겨 부르던 노래도 살며시 비음으로 흥얼거려 본다.

또 교정을 이리저리 서성거리며 돌아본다. 불현듯 옛 친구들의 환영이 언뜻언뜻 눈앞을 지나간다. 잠시 멈춰 서서 구름이 떠가는 봄 하늘을 바라본다. 서산대사가 묘향산 작은 암자에 주석해 있으면서 어쩌다 친구 양사언이 그리울 때면 하늘을 바라보며 중얼거렸다던 그 말, "그리운 사람은 어디에 있나 하늘 끝 한 자락 바라만 보네[美人何處在 望之天一方]." 대사의 순수한 인간적인 면모가 큰 울림으로 가슴을 쿵 친다.

내 친구들 가운데 더러는 서울로, 시골로 흩어져 살고 있다. 또 몇 사람은 가고 없고 몇 사람은 병석에 누워 있다.

비록 산하에 가리워 모습은 볼 수 없어도 그들의 마음은 늘 하늘에 걸려 깃발처럼 나부끼고 있지 않는가. 오늘도 그 마음 읽으며 즐거운 환담을 나눠 본다. 모두가 강건한 몸으로 이승의 그림자를 정답게 거느리고 삶의 기쁨을 오래도록 누렸으면 한다.

웬일일까. 갑자기 나의 자화상이 보인다. 석양놀이 붉게 물든 황야를 혼자 뚜벅뚜벅 걷고 있는 나의 모습. 울고 웃으며 넘고 건너온 영욕의 산맥과 애환의 바다가 뒤돌아보인다. 비틀거리기도 하고 흙탕물을 튕기기도 한 나의 발자취가 부끄럽다.

오늘은 웬 상념이 이렇게도 어지럽게 얽혀 오는가. 부질없는 상념을 털어 버려야 한다. 상념이 곧 번뇌가 아니던가. 팔순이 곧 코앞에 다가오는데 이젠 말만이 아닌 진정 바보가 돼야 한다. 우주에 가득 찬 모든 존재가 나와 둘 아닌 하나가 아니던가. 하잘것없는 인간의 사량 분별에서 벗어나야 한다. 모든 것은 그게 그것 아닌가. 그러니 모두가 귀하고 고맙고 사랑스러울 뿐이다.

자연 따라 무심히 이승에 있다가 자연 따라 무심히 살다 가면 그만이다. 슬플 것도 없고 기쁠 것도 없다. 꽃이 피면 따라 피고 물이 흐르면 따라 흐르고 낙엽이 지면 따라 지리라. 해가 뜨면 해가 떠서 고맙고 밤이 되면 밤이 와서 고맙다. 바람이 불거나 눈보라가 흩날리면 그냥 그래서 고맙다.

이 세상에 진리요 길이요 생명 아닌 것은 아무것도 없다. 해마다 봄이 와서 꽃이 피고 신록이 무성하게 빛나는 것은 더더욱 고맙고 행복한 일이 아닌가.

4부

들풀雜草

뽑아내고 또 뽑아내도 들풀은 자꾸만 돋아났다. 들풀의 끈질기고 모진 생명력은 신비스럽기까지 했다. 허지만 잔디밭을 제대로 만들기 위해선 들풀 따위는 여지없이 뽑아 없애야 했다.

나는 한때 새로 창설되는 연수기관에서 일한 적이 있다. 그때 신축건물 앞뒤 넓은 공간에 잔디밭을 만들면서 들풀 때문에 홍역을 치렀다. 가을에 잔디를 사다 정성 들여 심어 뒀더니 이듬해 봄에 들풀이 먼저 고개를 내밀었다.

어물어물하는 동안에 잔디밭은 들풀로 뒤덮였다. 불량배의 무리 같은 들풀이 두 팔을 휘젓고 횡포를 부리니까 잔디는 땅에 엎드려 숨을 죽이고 있지 않는가. 부녀자들을 십여 명 놉을 해서 들풀 사냥에 나섰다. 열을 지어 앉아 한 열흘쯤 들풀 소탕을 하고 나니 비로소 잔디는 생기를 얻어 파릇파릇해졌다.

그러나 이 일을 어찌하랴. 얼마 동안 방심한 사이 잔디밭은 또 들풀밭으로 변질하고 있지 않는가. 도리 없이 부녀자들을 또 고용해서 들풀 제거작업에 들어갔다. 이렇게 들풀과의 전쟁을 여러 차례 치르는 사이 봄이 가고 가을이 지나 한 해가 저물어 갔다. 무섭게 침노하던 쇠풀이며 억새며 질경이, 엉겅퀴, 클로버…… 등 들풀들은 거의 퇴치되었지만 잔디도 힘차게 번식하지 못해 붉은 흙이 그냥 드러나 있었다.

이렇게 들풀과의 싸움은 두 해 동안이나 이어졌다. 시간이 갈수록 들풀의 세력은 꺾여 갔다. 삼 년째 되는 해 봄, 드디어 잔디밭은 제대로 완성됐다.

같은 모양, 같은 빛깔, 같은 질의 잔디가 수천 수만 포기 모여 서로 어깨를 부비며 번식해 가는 모습을 아름다웠다.

시간이 꽤 흘렀다. 근년에 와서 나는 파적과 건강을 위해 산과 들을 빈번하게 나들이한다. 그때마다 버릇처럼 숲과 나무를 바라볼 뿐, 들풀에는 각별한 눈길을 주지 않았다.

그러다가 한 번은 저만치 들풀 속에 주홍빛 패랭이꽃이 무리지어 피어 있는 것을 보고 문득 발이 멎었다. 보석처럼 반짝반짝 빛나는 저 아름다움이 어디서 왔을까 놀라움을 느꼈기 때문이다.

그로 인해 들풀에도 애정의 눈이 띄게 됐다고 할까. 마침내 나는 산야를 나들이할 때마다 들풀이며 들꽃을 유심히 들여다보는 습관이 생겨났다. 들풀은 씨 뿌리지 않고 애써 가꾸지 않아도 잘 자라는 천덕꾸러기의 풀이라고들 한다. 허나 곰곰이 살피고 생각해 보면 그렇지 않는 것 같다.

들풀도 씨알 하나하나가 여느 식물의 그것같이 흙 속에서 자신을 썩여야 한다. 생명을 태동시키고 뿌리를 내리며 싹을 틔우기까지는 똑같은 신고를 겪어야 한다. 들풀은 결코 지천한 풀이 아니다. 저마다 특성을 가진 귀한 약초들이 아닌가. 독초도 쓰임에 따라 약초가 된다고 한다. 사람이 그것을 잘 모를 뿐이다.

들풀도 꽃이 핀다. 들꽃은 난초나 백합이나 국화처럼 향기롭고 세련되고 화려하지 못하다. 그래서 사람의 눈길을 오래도록 붙들지 못하는 모양이다. 그러나 어린 시절 들꽃 잎을 따서 강물에 띄우며 놀던 친구들을 그리는 마음으로 감상해 보라. 소박한 듯 곱고 단순한 듯 우아하고 조잡한 듯 순수한 들꽃의 자태에 푹 빠져들 것이다.

들풀이 화단이나 논밭에 자라면 해초害草라 하여 여지없이 뽑혀 버림을 당한다. 애석하지만 어쩔 수 없다. 허나 들풀 없는 땅을 상상해 보라. 비록 수목이 울창하고 과수목이 빽빽이 서 있고 전답에 오곡이 무성하게 자란다 하더라도 땅의 속살이 여기저기 드러나서 막입은 여인처럼 얼마나 천박하고 황량할 것인가.

들풀이 없는 땅은 곧 사막이요 구름이 떠 흐르지 않는 하늘과 같으리라. 때때로 구름이 일지 않는 하늘은 이미 하늘이 아니다.

들풀은 땅의 지킴이다. 폭우가 쏟아져도 들풀이 있어 흙이 씻겨 내려가지 않는다. 들풀은 마침내 거름이 되어 땅을 기름지게 한다. 들풀이 우거지면 온갖 새들이 그 속에 둥지를 틀고 뱀이며 미물들이 쉼터를 마련한다. 공기가 맑고 깨끗해지는데도 어찌 들풀의 역할이 없다고 할 것인가.

어쩌다 하늘에서 천둥 번개가 치고 폭풍이 불고 장대비가 쏟아질 때가 있다. 이럴 때 들풀은 서로 부둥켜안고 서로 의지하고 함께 울며 흔들리며 참고 견딘다. 그것도 잠시, 악천후는 이내 소멸해 버린다. 마치 폭정의 왕조가 무너지듯이. 들풀은 여전히 살아 남아 싱싱하게 목숨을 이어간다.

흔히 들녘이나 습지나 산등성에서 들풀의 바다를 만날 때가 있다. 이 때 자신도 한 포기 들풀이 되어 그들과 같이 숨쉬며 바람결에 나부껴 보라.

거기엔 거짓과 속임수로 얼룩진 인간의 사구死句가 아닌 활구活句가 숨어 있음을 보게 되리라. 활구는 곧 시요 설법이요 진리 그 자체가 아닌가.

서로 종種이 다르고 모양도 다르고 꽃도 다른 잡다한 들풀들이 한데 모여 화목하게 어울리는 것을 보면 화이부동和而不

同의 표상같기도 하고 육화경六和敬의 모습 같기도 하다.

불현듯 들풀의 아름다움과 은혜로움과 지혜로움이 내 가슴에 큰 울림으로 번져 온다.

화전민의 한 소녀

주인 없는 빈집 뜰에도 봄은 와서 이름 모를 풀꽃들이 한창이다. 무너진 장독대 돌틈 사이에는 두어 송이 민들레며 채송화도 무심히 피어 있다.

집이라고는 하지만 본시 어느 가난한 화전민이 살던 곳이라 울도 담도 없다. 이엉은 비바람에 삭아 내려앉고, 문이 떨어져 나간 빈방은 짐승이 살고 있는 동굴같이 그늘진 아궁이를 벌리고 있다.

그 퇴락됨이 그지없는 빈집 뜰에 한 소녀가 외롭게 돌멩이를 만지며 놀고 있다. 나는 묘한 느낌이 들어 바쁜 걸음을 멈추고 그 소녀에게 다가갔다. 여기는 태백산 준령이 동남으로 치닫는 산허리 깊숙한 산골 화전민 마을이다. 집들은 서로 산비탈에 흩어져 있고 인적도 드문 곳이기 때문이다.

반짝이는 눈으로 나를 힐끗 보고선 수줍은 듯이 손을 털며 일어서는 그 소녀에게 넌지시 말을 건네 봤다. 그녀는 열한 살, 초등학교 4학년생. 이곳에서 아랫마을로 정착한 화전민의 딸이었다.

소녀는 머리칼을 쓰다듬어 주는 나에게 이내 친근감을 느낀 듯 곧잘 말을 했다.

"이 시간에 학교는 안 가고 왜 여기 나와 있지?"

"오늘은 학교 일찍 마쳤습니더. 용철이가 돌아왔나 싶어서예, 와 봤습니더."

"용철이가 누군데?"

"용철이는 우리 반 실장이고예, 나하고 제일 친했습니더. 그런데 작년에 포항 쪽으로 이사를 갔습니더. 떠날 때 용철이는 봄이 되면 꼭 한 번 혼다 했는데 아무 소식도 없습니더."

스스럼없이 얘기를 해 오다가 아무런 소식도 없다는 말에 이르러서는 그 어린것도 조금은 쑥스러움을 느꼈는지 쓸쓸한 표정을 감추려는 듯 살며시 얼굴을 돌렸다.

작금 양년에 걸쳐 이곳 영양英陽군 산골 마을에는 화전 정리가 시작되었다. 이로 인하여 산에 불을 놓아 밭을 일궈 살던 화전민들은 뿔뿔이 흩어져야만 했다. 그들은 헤어지기 앞서 여러 날 밤을 호롱불 밑에 모여 앉아 살아갈 궁리들을 했다.

어떤 밤은 소주를 나눠 마시며 막연한 새 희망에 부풀어 기뻐들 해 봤고 또 때로는 암담한 앞날이 내다보여 실의에 빠져 삶을 저주하기도 했다. 그러다가 어느 날 드디어 어떤 화전민은 보상금을 타서 도시로 떠났고, 더러는 아랫마을로 옮겨 정착을 하기도 했다. 아마도 용철이네는 보상금 50만 원을 쥐고 낯선 도시를 찾아 정처 없이 떠난 모양이었다.

조금 전 그 소녀가 혼자 앉아 놀던 자리에 제법 큰 돌무덤이 하나 있다. 그것은 지난날 그 소녀가 용철이와 함께 쌓아 올린 서낭당이라 했다. 어린것들이 무엇 하러 서낭당을 다 만들었을까.

산중 아이들의 손쉬운 장남감은 돌멩이뿐이다. 그들은 기나긴 봄날 무료함을 달래려고 돌을 모아 성이며 탑을 올려 봤으리라. 그러다 문득 어린 가슴에 소망 같은 것이 느껴져서 그 돌멩이를 한곳에 모아 두고 불쑥 서낭당이라 불러 봤을지도 모른다.

화전민 어린이들에게 소망이 있다면, 그것은 감옥 같은 첩첩 산중을 빠져 나와 도시에서 살아 보는 일이다.

어쩌면 용철이는 이 소박한 소망이 이뤄져서 부모를 따라 저 험준한 읍령泣嶺을 넘게 되었으리라. 옛날 이 산중 사람들은 산이 하도 험해 울며 넘나들었다는 저 읍령을, 용철이는 어떤 느낌으로 넘어갔을까. 그도 역시 흐느끼며 넘어갔을 것이다. 산이 험준 해서가 아니다. 코앞이 답답한 후미진 산중이지만 그가 태어나서 자란 정든 고향이기에 도시로 간다는 기쁨보다는 버리고 떠나는 섭섭함이 앞섰기 때문이었으리.

전교생이라야 40여 명밖에 안 되는 동기 같은 S분교 어린이들과 기약 없이 헤어지는 안타까움 때문에 어쩌면 그 순진한 산골 소녀은 소리내어 울었을지도 모른다. 그리고 그 소녀와 함께 쌓아 모은 성낭당의 돌멩이 하나쯤 차마 감춰 가지 않을 수 없었으리라.

나는 괜히 용철이가 보고 싶어져서 빈집, 빈방으로 발을 옮겨 봤다. 손때가 전 문설주에는 용철이네 식구의 따뜻한 체온 같은 것이 아직도 흐르고 있다. 신문지로 바른 벽에는 용철이가 그려 붙인 낡은 그림 몇 장이 남아 있다. 그가 상상해서 그렸을 기차며 도시 풍경 그리고 배가 떠 있는 바다그림. 그것은 분명히 파르르 떨며 아직도 숨을 쉬고 있는 것 같았다.

용철이의 그림을 물끄러미 쳐다보고 있던 소녀는 불현듯 물기 젖은 목소리로 말을 했다.

"아저씨예, 포항 시내 초등학교 4학년 박용철 하면 편지가 가겠십니꺼?"

나는 아무 말도 하지 않았다. 그냥 묵묵히 뜨락으로 걸어 나왔다. 하늘 아래 첫 동네라는 이 적막한 산중에 뻐꾸기는 연신 구성진 울음소리를 토하고 있다. 외로운 소녀의 머리카락엔 노란 송홧가루가 묻어 흐르고. 황량한 고산지대 허물어져 가는 빈집, 풀꽃 우거진 뜨락, 흐트러진 돌무덤과 이슬방울처럼 굴러 떨어지는 뭇 산새소리, 거기에 혼자 서성거리는 소녀. 나는 이 분위기 속에서 문득 산골 화전민 소녀의 수정

같이 맑은 우정을 볼 수 있었다. 그리고 또한 어린 가슴에 응어리지는 절규 같은 것을 들을 수 있었다. 그것은 아쉬움과 고독, 안타까운 기다림과 기도 같은 것이었다.

어쩌면 그것은 허공을 향하여 어린 손을 내젓는 허우적거림이라 할까.

언젠가는 있어야 할 화전 정리이기 때문에 한 번은 겪어야 할 화전민의 아픈 숙명을 나는 잘 알고 있다. 그러나 예부터 동심여선童心如仙이라 했는데 자연 속에 묻혀서 멋모르게 자라 오던 화전민의 어린것들이 너무도 일찍 그리고 갑자기 삶의 한 쓴맛을 느끼게 되는 것이 괜스레 마음에 걸린다.

해장국 한 그릇의 행복

선린병원 정문 건너편에 해장국집이 있다. 나는 그 집의 단골 손이다.

일요일 아침, 아내와 함께 학산鶴山에 올라갔다 내려오면 으레 그집에서 해장국으로 아침을 때운다. 퇴근이 늦어 저녁 시간이 어정쩡할 때 우리는 또 해장국으로 저녁을 대신한다.

어쩌다 대구에 나갔다가 석양에 돌아오면 주차장에서 103번 버스를 타고 선린병원 앞에서 내린다. 그러면 바로 그 집에 들러 해장국으로 저녁을 먹고 집에 들어간다.

해장국은 사골을 밤새 달여서 진국으로 우려내고 거기에 선지며 배추며 토란대며 머리 없는 콩나물을 적당히 넣어서 끓여 내놔야 한다. 그러면 글자 그대로 해장解腸이 된다. 해장이란 장이 풀린다는 뜻이 아닌가. 목이 마르고 속이 조이며 아랫배가 빽빽할 때, 해장국 한 그릇에 소주 두어 잔 하고 나면 이마가 축축이 젖어들고 등골에서는 땀이 쪼르르 흘러내린다. 그러면 속이 편안해지면서 몸이 확 풀린다. 이 맛에 해장국을 먹는다고나 할까.

어찌 이것뿐이랴. 간밤의 과음으로 속이 쓰리고 아플 때 해장국은 천하의 명약이 아니가. 그래서 해장국의 장腸자를 술병 성醒자로 바꿔서 해성탕解醒湯이라 부르기도 한다.

오늘은 허물없이 지내는 친구 내외와 우리 부부 넷이서 해장국집에 들러 해장국과 수육으로 소주 몇 잔 나눠 마시고 밤해변을 서성거리다 헤어져 집으로 돌아가고 있다.

포중浦中 서편 도랑길을 아내와 서로 부딪치며 걷다 말고 문득 밤하늘을 우러러본다. 장마가 지나간 깨끗한 밤하늘에 떠 흐르는 찬란한 별들, 시원한 바닷바람은 연신 가로수 가지를 흔들고 지나간다.

골목길에는 인적이 뜸하다. 나는 비음鼻音으로 흘러간 옛노래를 불러 본다. 아내는 주변에 사람이 없음을 확인했는지 처음으로 노래를 따라 부른다. 살며시 손을 잡고 되도록 천천히 걸어본다.

온갖 생활 오수가 흐르는 이 도랑길은 평소 더럽고 악취가 풍겨 걸어 다니기를 모두가 싫어하던 곳인데, 오늘은 장미꽃 피는 화원을 천사와 함께 걷는 기분이다. 왜 그럴까.

술을 좀 마셨기 때문만은 아니리라. 어쩌다 내 마음이 스스로 고맙고 즐겁고 은혜로움을 느꼈기 때문이 아닐까.

바다보다 하늘이 넓고, 하늘보다 사람의 마음이 더 넓다고 했던가. 이렇게 넓은 사람의 마음속에는 광활한 슬픔의 영토가 있는가 하면 기쁨의 성역도 있고, 지옥이 있는가 하면 천국도 있다.

마음이 슬픔의 영토에 들면 그가 아무리 고관대작이고 재력가라 할지라도 나름대로 있기 마련인 슬픔이나 괴로움이나 혹은 허망함과 한스러움으로 마침내 마음의 지옥에 떨어지고 만다. 인간은 어쩔 수 없는 중생이기 때문이리라.

그러나 기쁨의 뒤안길 들어가면, 들풀처럼 이름 없이 살아가는 사람이라도 나름대로 자랑스럽고 행복스럽고 감사 드리고 싶은 일들이 많아서 늘 기쁨으로 충만하여 마침내 천국의 삶을 누리게 된다.

나는 오늘 어쩌다 기쁨의 언덕을 기웃거리는 모양이다. 오늘 따라 매사가 흡족하고 즐겁고 고맙고 감사 드리고 싶은 생각뿐이기 때문이다.

아직도 내가 살아 있다는 사실이 고마운지 모르겠다.

'땡감을 따먹고 살아도 저승보다 이승이 낫고, 개똥밭에 굴러다녀도 저승보다 이승이 낫다' 고 했다. 꽃이 피고 신록이 우거지고 구름이 떠가고 비가 내리고 낙엽이 뒹굴고 눈이 내리고 정이 통하는 사람이 사는 – 온갖 문물이 나날이 새롭고 눈부신 – 이승에 아직도 내가 살고 있다는 것은 가장 고맙고 은혜로운 일이 아닌가.

곧 종심從心의 연륜인데도 건강(?)하고 할 일이 있어 일을 할 수 있다는 것은 또 얼마나 축복받은 삶인가.

본시 나는 남달리 병약한 체질이었다.

병약한 사람을 남편으로 가진 여인은 마침내 남편을 위해서 간호사가 되고 침구사가 되고 지압사가 되는가 하면, 영양사가 되고 약제사가 되고 의사가 된다.

천하의 만능 명의名醫를 인세人世의 도반으로 함께 살고 있으니 이 가피加被를 어떻게 감사하랴.

나는 평생을 여유 없이 빠듯하게 살아왔는데도 그 가운데서 아들딸들이 성실과 근검 절약을 배워 지금은 저마다 시집 장가들고 분가해서 나름대로 보람 있게 살고 있으니 이것 또한 하늘의 가호라 아니하랴.

명사가 되지 않고 평범한 시민으로 군중 속에 섞여 사니 거동이 쉽고 생활이 편리하지 않는가. 친구들과 스스럼없이 해장국집이며 포장마차에도 들락거릴 수 있으니 말이다. 젊은 한 시절 철없이 분수도 모르고 입신출세를 못해 애태우고 안타까워했던 어리석음이 지금 와서 부끄럽다.

다정한 문우들이 있어 때때로 글을 써서 서로 나눠 읽어 보며 술도 마시고 환담을 즐길 수 있으니 이 분복을 감사 드리지 않을 수 없다.

교직에 몸담아 왔으니 수많은 제자가 있고, 이따금 그들이 찾아와 주니 이 고마움을 어디에 비하랴. 어찌 이것뿐이랴. 아직도 젊은 사람들에게 삶의 도리를 얘기할 수 있는 기회가 있으니 이 즐거움을 어떻게 표현하랴.

한 마음 기쁨의 땅에 드니 천삼라天森羅 지만상地萬象 모든 것이 다 은혜롭고 자비롭고 감사 드리고 싶은 것뿐이다.

도랑길을 빠져 나와 고샅으로 접어든다. 별들은 아직도 총총하고 밤바람은 이따금 이마를 스치고 지나간다.

곱게 늙어 가려고 때때로 선현들이 보여 준 좌망坐忘과 선정禪定과 무위자연無爲自然이며 지관止觀의 경지를 동경도 해 봤지만 나 같은 범부에겐 한 갓 꿈이었다.

그런데 해장국 한 그릇을 먹고도 진심으로 고맙다는 생각을 했을 때 느껴 오는 이 흐뭇한 행복감! 범부는 먼저 매사에 감사 드리는 마음부터 닦아야 되는가 보다.

권금성의 소나무

가까스로 권금성에 올라왔다. 가슴이 탁 트이고 시원하다. 여기저기 우뚝우뚝 선 기암절벽이 눈앞에 와 닿는다. 멀리 첩첩하게 솟아 있는 설악산의 우람한 산세는 언제 봐도 빼어난 명산임을 실감케 한다. 동녘 하늘 아득히 구름 사이로 동해의 물결이 아롱거리고 있다. 한 줄기 세찬 바람이 휘몰아쳐 지나간다. 어디선가 깔려 있던 낙엽이 치솟아 휘날린다.

이따금 산바람이 괴성을 지르며 계곡을 메아리쳐 흐른다. 설악산은 봄의 철쭉과 여름의 녹음, 가을의 단풍이며 겨울의 설경이 또한 일품이라고들 한다. 그러나 나는 단풍도 설경도 볼 수 없는 늦가을에 권금성을 찾아왔다. 이때쯤이면 그 많은 인파도 피하고 겨울 등반의 위험도 없이 여유 있게 권금성을 올라서 조용히 서성거릴 수 있기 때문이다.

발길을 옮겨 산등성이를 조심스레 배회해 본다. 문득 낭떠러지 아래로 눈길이 가자 몸이 흔들거리는 것 같다. 정상은 풀 한 포기, 이끼 한 점도 없이 벌거벗은 바위 그대로 솟아 있다. 무시로 세찬 바람이 불어와 부딪친다. 간단없는 풍상 앞에 알몸을 드러낸 채 영겁토록 묵묵한 암벽의 정상. 그것은 어쩌면 초연의 표상 같기도 하고 아니면 탈속의 멋 같기도 한다.

저만치 경사진 바위 틈 여기저기에 크고 작은 소나무들이 무리지어 서 있다. 밑둥치를 보아 어떤 것은 3, 40년, 또 어떤 것은 5, 60년, 더러는 1백여 년 넘어 자란 것 같기도 하다. 이들은 모두가 한결같이 서남쪽으로 조금씩 기울어져 있다.

드문드문 달려 있는 나뭇가지들도 또한 약속이나 한 듯이 한결같이 서남쪽 외곬으로만 뻗어 있다. 외팔이 소나무라고 할까. 가까이 가서 보니 동북편에는 아예 가지가 생겨나질 않았다. 어쩌다 생겨났던 것도 부러져 없어지거나 아니면 서남쪽으로 휘어져 자라고 있다. 가지에 붙은 솔잎도 빛깔은 싱싱하나 그 숱은 여느 소나무보다 듬성듬성하다. 무심코 바라보면 이들도 또한 여느 소나무와 같이 한갓 나무일 뿐이다.

그런데도 나는 지금 이 소나무들 곁을 훌쩍 떠나지 못하고 머뭇거리고 섰다. 왜 그럴까. 균형을 빼앗긴 외팔이 소나무들의 묘한 모습 때문일까. 아니면 이들이 외치는 무언의 절규가 나의 심혼을 흔들고 있기 때문일까. 이들은 바위를 뚫고 뿌리를 내렸다. 흙도 없고 물기도 귀해서 잡초면 이끼마저 깃들기 어려운 황량한 암석에서 자라고 있다.

세찬 북풍은 끊임없이 불어닥친다. 겨울이면 무서운 폭설이 북풍을 타고 전신을 호되게 강타한다. 그래도 꺾이지 않고 쓰러질 듯 견디며 비스듬히 일어나 표표히 서 있는 권금성의 외팔이 소나무들.

내가 언젠가 일월산에서 본 노송에는 고결한 기품과 고아한 운치가 있었다. 그 노송들이 풍기는 분위기는 고고한 기상이며 앙금 없는 풍모 같은 것도 깔려 있었다.

그러나 권금성의 소나무들은 이러한 풍모를 갖출 겨를이 없었다. 그래서 이들의 모습에는 끈질긴 생명력과 불굴의 의지, 끝없는 항거며 인고의 자세가 있을 뿐이다. 이들의 열렬한 목소리에는 어쩌다 판소리에서나 들을 수 있는 비장하고 처절한 가락 같은 것이 숨어 있다. 일월산의 노송이 먼 산을 바라보며 유유히 소요하는 군자의 모습이라면 권금성의 외팔이 소나무들은 삭풍에 말 달리는 선구자의 모습이라고 하리라.

나무도 때로 사람의 가슴에 강렬한 인상을 남겨서 정인처럼 문득문득 생각나게 하는 마력을 지니고 있는 것일까. 나는 한 시절 결핵으로 요양 중일 때 이곳에 처음 와 봤다. 그때 가세는 기울고 환난은 거듭하고 앞날은 암담하여 절망에 빠져 있었다. 어쩌다 친구들과 어울려 무리하게 예까지 왔다가 권금성의 외팔이 소나무들을 보고 얼마나 감동했는지 모른다.

이들의 깊은 침묵에서 많은 말씀을 읽을 수 있었다. 거기에는 우선 집념의 형상과 생명에의 외경이 있었다. 그리고 별빛처럼 명멸하던 온갖 상념들. 며칠을 묵고 돌아올 때, 나는 환희와 용기로 가슴이 벅차 눈시울이 찡하도록 스스로 감격했던 것을 지금도 기억하고 있다.

사람은 저마다 나름대로 세파에 시달리고 애환을 맛보며 영고성쇠의 강물을 따라 흘러가기 마련이다. 그러다 지천명의 유역을 지나갈 무렵 문득 뒤돌아보면 설레는 감회가 많으리라. 이럴 때 권금성의 외팔이 소나무는 저마다의 자화상이 아닐까.

반석 위에 등을 깔로 누워 본다. 엷은 석양볕에 솔잎들은 유난히 찬란하다. 드높은 하늘에 떠가는 구름을 보다 말고 잠시 명상에 잠긴다. 권금성에는 우리 조상들이 오적을 막으려고 쌓아 올린 옛 성터가 있다. 그때의 수난이 얼마나 혹심했으며 항쟁 또한 얼마나 치열했을까.

홀연 먼데서 요란한 군마의 발굽소리가 들려온다. 마침내 병사들의 함성이며 북소리며 창칼 부딪치는 소리가 귓전을 때린다. 또 한 줄기 세찬 바람이 소나무 가지를 뒤흔들며 지나간다. 자리에서 털고 일어나 소나무에 다가가서 둥치며 가지를 조요히 만져 본다. 체온 같은 것이 느껴진다. 진득한 수액이 맥박쳐 흐르는 것 같다. 여기저기 생채기에는 노르께한 송진이 혈흔처럼 응어리져 있다.

권금성의 외팔이 소나무는 우리 민족이 겪은 수난의 모습이다. 핍박과 전쟁, 가난과 별리 속에서도 줄기차게 살아온 이 겨레의 얼이 보인다. 그래서 한이며 눈물이며 서러움이며 정이 많은 이 민족의 그늘진 한 모습도 불쑥 떠오른다. 어쩌면 저 권금성의 외팔이 소나무는 거룩한 염원과 지칠 줄 모르는 발걸음으로 앞날을 헤어리며 살아가는 한국인의 참모습이 아닐까.

내일 귀로에는 의상대에 들러 불변의 파도소리를 들으며 서성거리다 돌아가리라.

원효암元曉庵 가는 길에

마침내 틈을 내어 운제산 雲梯山 원효암을 찾아 나섰다. 성주聖周스님께서도 동행하신다.

운제산은 보경사가 있는 내연산과 함께 포항 시민들이 아끼고 사랑하는 산이다. 운제산에는 원효암말고도 자장암慈藏庵과 오어사吾魚寺도 있다.

우리는 벌써 오어사를 지나고 오어지吾魚池를 건너 원효암으로 오르는 오솔길에 들어섰다. 울창한 수림은 하늘을 짙게 가리고 잡초는 무릎 위를 스치고 지나간다. 산바람에 나뭇가지들이 너울거릴 때마다 6월의 햇볕이 여기저기 쏟아져 내린다.

어쩌다 계곡을 흔드는 산꿩이며 뻐꾸기 소리는 오히려 적막을 더해 줄 뿐이다.

인적은 이미 끊기고 스님은 연신 염불을 하시며 앞장서 오른다. 나는 스님의 발자취를 내려다보며 뒤따라간다. 현묘한 분위기가 자꾸만 몸에 와 닿기에 문득 머리를 들어 사방을 둘러본다.

이게 웬일인가. 모든 나무들이 저마다 합장을 하고 근엄하게 서 있지 않는가.

산은 찾아오는 사람의 그때 그 마음에 따라 여러 모습으로 바뀌는 모양이다. 이른 봄 진달래를 보러 왔을 때 운제산은 분홍빛 치마 저고리로 단장한 소녀들로 가득 차 있었다.

친구들과 등산을 왔을 때 운제산은 생명의 고향으로, 힘의 원천으로, 자원의 보고로 가슴을 흔들었다. 그러나 오늘은 수목들이 불, 보살로 서 있고 운제산은 온통 참선 도량으로 나를 맞이한다.

성주스님은 내 속을 꿰뚫어 보셨는지 문득 뒤돌아보며 말씀하신다.

"김거사, 심생즉종종법생心生則種種法生이요 심멸즉종종법멸心滅則種種法滅은 원효의 오송梧頌이 아니오, 이미 그 뜻을 잘 알고 있으면서 무슨 망상이 그렇게 골똘합니까."

불현듯 제자리로 돌아선다.

마음이 생겨나면 그 마음 따라 온갖 현상이 생겨나고 마음이 멸하면 그 마음 따라 생겨났던 현상도 없어지는 것을. 나무는 나무일 뿐인데 괜한 미망迷妄이 나를 어둡게 했던 모양이다.

연신 흘러내리는 땀을 훔치며 가파른 산길을 오른다. 또 번개처럼 뇌리를 스치는 지난날의 영상들. 폐결핵으로 피를 쏟으며 투병과 수행을 힘겹게 해야만 했던 청화산淸華山 법주사法住寺 시절의 내 모습이 잠시 눈앞에 머물다 지나간다. 불가佛家에서 일일삼천심一日三千心이라 했듯이 걸어가면서도 웬 상념이 이토록 줄을 잇는 것일까.

노송 밑에서 잠시 숨을 돌린다. 목탁소리가 바람결에 묻어 흐른다. 원효암이 이제 멀지 않은 모양이다.

잠시 묵언默言이 오가다 번뜩 화두話頭가 떠올랐다. 그것은 원효라 할까. 생사관이라 할까. 원효가 요석공주에게 접근할 때, 길몽吉夢을 빙자해서 교묘하게 활용한 그 유명한 어구 "수허몰가부 아작지천주誰許沒柯斧 我斫支天柱"가 생각난다. 누가 손잡이 빠진 도끼를 빌려 주면 하늘을 떠받칠 기둥을 깎아 내리라는 뜻이 아닌가. 과연 그 글귀대로 대학자 설총을 탄생케 했다.

너무나 인간적인 원효의 한 모습니다.

그러나 이것도 역시 애욕이요 파계가 아니냐고 물어 본다. 그러나 성주스님은 그렇지 않다고 한다. 이것은 위대한 파계요, 위대한 파계는 때로 무장무애無障無碍의 절대경지로 뛰어오르는 해탈행위가 된다고 했다. 원효가 설파한 일체무애인 일도출생 사 一切無碍人 一道出生死의 경지가 바로 그런 것이라 했던가.

원효는 한 소식 얻은 대선사이기 전에 두뇌가 뛰어난 천재였으리라. 무애가를 부르며 천민들 속에 뛰어들어 그들을 돕고 깨우치고 보살피며 보리행을 실천했다. 그러면서도 화엄華嚴, 법화 法華, 열반涅槃, 정토淨土, 할 것 없이 불교사상 전반에 걸쳐 2백40여 권의 저술을 남겼으니 말이다. 그 중에서도 『대승기신론소大乘杞信論疏』, 『금강삼매경약소金剛三昧境略疏』, 『화엄경소華嚴經疏』는 천년이 지난 지금도 심오원융한 명저로 알려져 있지 않는가.

성주스님은 미소를 지으며 말씀하신다. 화엄경소의 첫머리에 나오는 "무장무애한 법계의 법문法門을 살피면 법法이 아니면서 법 아님이 없고, 문門이 아니면서 문 아님이 없다"는 이 소식 하나 얻는 데도 공부를 많이 해야 한다면 말끝을 흐린다. 범부가 함부로 말하면 미개구착未開口錯이 된다는 뜻이란다.

잠시 침묵이 또 흐른다. 바람소리, 새소리, 물소리며 온갖 벌레소리가 절묘한 화음을 이루며 순식간에 천년을 오가고 있다.

'내가 원효다. 내가 원효다' 하고 어디서 목소리가 들려온다.

환청일까. 그 소리는 점점 더 크게 들린다. 문득 바라보니 원효아닌 것이 없다. 오늘은 원효가 흙으로 와 계시고, 나무로 서 계시고, 바람으로 오시고, 청계수로 흘러가신다.

사람이 살면서 철 따라 옷을 바꿔 입듯이 원효는 낡은 몸을 버리고 새 몸으로 바꿔 오시고 또 몸을 거듭 바꾸면서 지금도 그 어떤 모습으로 우리 곁에 있으리라. 삶의 영원 회귀는 어찌 원효뿐이겠는가. 중생의 삶은 다 그러하리라.

우리는 벌써 원효암의 삼존불 앞에 향을 피워 놓고 원효의 영정에 머리를 숙인다.

원효암은 창건한 지 백 년이 채 안 되는 작은 암자이다. 신자들보다 등산객이 더 많이 와서 쉬었다 가는 곳이라 할까. 그러나 그것이 무슨 상관이랴. 원효암이면 됐지.

귀로에는 믿기지 않을 만큼 몸과 마음이 가볍고 즐겁다. 무거운 짐을 벗어 놓은 것처럼.

공자와 한 여인

어느 날 공자가 제자들을 거느리고 진秦나라와 채蔡나라의 국경 지대를 가는데 두 여자가 길가에서 뽕을 따고 있었다. 동쪽 가지에서 뽕을 따는 여자는 곱고 예쁘나 서쪽 가지에서 뽕 따는 여자는 얼굴이 얽고 보잘것없었다. 공자는 무심코 농을 했다.

"동지박東枝璞, 서지박西枝縛."

동쪽 가지는 구슬 옥덩어리 박이요, 서쪽 가지는 얽은 박이란 뜻이 아닌가.

그랬더니 서쪽 가지에서 뽕을 따고 있던 여자가 공자를 힐끔 한 번 쳐다보고는 큰소리로 이렇게 중얼거렸다.

"건순노치乾脣露齒하니 칠일절량지상七日絕糧之相이요, 이백어면耳白於面하니 천하명문지상天下名文之相이로구나."

입술이 바싹 마르고 이빨이 툭 튀어나온 것을 보면 앞으로 이레 동안 굶주릴 상이요, 귀가 얼굴보다 더 하얀 것을 보면 문장만은 천하에 으뜸이란 뜻이 아닌가.

그리고 공자는 얼마쯤 가다가 채나라 국경 수비대에 도적의 두목으로 몰려서 붙잡히게 됐다.

마침내 공자의 제자들과 병사들 사이에 시비가 일어났다.

"이분은 노나라의 성인 공자이십니다."

"무엇으로 증명합니까? 관상을 보아하니 도적의 괴수임에 틀림이 없소."

"우리들 제자가 있지 않습니까?"

"도적의 두목에도 부하가 있고 하수인이 있습니다."

이 소식이 관가에 전해지자 만일 그가 노나라 성인 공자라면 보통 사람들과 지혜가 다를 것이니 구멍이 아홉 개 뚫린 구슬에 실을 한 번씩만 통과시켜서 꿰어내 보도록 하라는 지시가 떨어졌다.

공자는 연 나흘 동안 시도해 봤지만 허사였다. 한두 구멍에는 두어 번 반복해서 실을 통과시켜야만 아홉 구멍을 꿰어낼 수가 있었다.

마침내 공자는 자로子路를 불러 말했다.

"며칠 전 길가에서 뽕을 따던 여인이 있던 곳을 가 보아라."

"여태까지 있겠습니까?"

"그가 범인이 아니라면 무슨 흔적이 있으리라."

가 보니 과연 짚신 한 짝이 뽕나무 가지에 매달려 있었다. 그 소리를 듣고 공자는 말했다.

“짚신이 매달려 있었다고? 그러면 맬 계繫 신 혜彗 계혜촌을 찾아가 보아라.”

과연 국경 지대에 계혜촌이란 마을이 있었다.

그 여인은 병든 노모를 모시고 누에를 기르고 있었다.

자로는 그간의 사정을 말하고 선생님을 구해 달라고 몇 번이나 간청했다. 그러나 그녀는 거절했다.

“아녀자가 어찌 천하의 공자님께 지혜를 가르쳐 드릴 수 있겠습니까?”

그래도 사정하고 또 사정하니 밀蜜 의蟻 사絲란 글자 석자를 적어 주면서 말했다.

“이것을 갖다 드리면 알아보실 것입니다.”

공자가 그 글귀를 받아 읽고 탄복하면서 꿀과 실과 불개미 한 마리를 잡아오라 했다. 개미 뒷다리에 명주실을 묶어 놓고 구슬 구멍에 꿀을 발라 뒀더니 개미는 꿀을 파먹느라고 하룻밤 사이에 실을 다 꿰어 놓았다. 그런데 그날이 바로 공자가 잡혀 들어가서 밥 한끼 못 먹고 굶은 지 칠일이 되는 날이었다. 물론 그날로 공자는 석방되었다. 공자는 풀려 나오면서 혼자말로 주얼거렸다.

“격물치지格物致知인 것을.”

사물의 이치를 궁구窮究하면 참 앎에 이르게 된다는 뜻이다. 이것은 공자가어孔子家語에 나오는 얘기다.

이 세상에 존재하는 모든 사물은 나름대로 원리가 있고 질서가 있고 관계가 있고 의미가 있다. 시시각각으로 일어나는 모든 현상은 그것이 자연 현상이건 사회 현상이건 반드시 원인이 있고 이유가 있고 관계가 있고 의미가 있다.

사물과 사상事象의 뒤에 숨어 있는 실상을 알기 위해 그 대상을 객관화하여 관찰하고 기록하고 분석하고 종합하고 추리하고 실험하고 비교하여 검증해서 결론을 얻어내는 것이 서구의 인지과정認知過程이라고 할까.

그러나 동양의 인지과정은 좀 다르다. 진실로 궁구하기 위해서는 침잠沈潛하고 완색玩索하고 체득體得하고 적공積功하라고 했다.

침잠이란 알고자 하는 대상 속에 뛰어들어 깊숙이 빠지고 용해되어 그 대상과 동질화同質化되고 즉물화卽物化되어 생명적 교감을 통해 본질을 추구하는 것이 아닌가. 즉 나무를 알려면 나무가 되어 보고, 노사분규의 실상을 알려면 너 자신이 근로자가 되어 보고 관리자가 돼 보라는 뜻이 아닌가.

완색이란 즐기며 탐색한다는 뜻이다. 마지못해 억지로 하는 강색强索과는 달리 자연스런 교섭과 同化를 통해 작게는 극미시極微視 차원에서 크게는 우주적 차원에서 사유한다는 뜻이 아닌가.

체득이란 몸으로 느끼고 몸에 배이게 인지한다는 뜻이요,

적공이란 침잠과 완색과 체득을 꾸준히 되풀이할 때 참 앎에 이른다는 뜻이리라. 우리의 삶을 보다 지혜롭고 풍요롭고 평화롭게 살기 위해서 서구적인 인지 방법과 더불어 우리의 전통적인 인지 방법을 겸용했으면 싶다.

행복한 유배

짹그렁 짹그렁! 외양간의 소 요령 소리에 잠이 깨었다. 먼데서 새벽 정적을 깨고 닭들이 홰를 치며 운다. 지창을 열고 뜨락에 나가 괜히 우물가를 서성거려 본다.

돌담 사이에서는 지칠 줄 모르는 미물들이 물레를 잣듯 찔찔거리며 긴 밤을 지새우고 있다. 밤새 떨어져 나가 앉은 성좌는, 아직도 못다 한 구원의 밀어를 아쉽게 속삭이고 있다.

여기는 추풍령에서 동남으로 40리. 백화산 들목에 자리한 한적한 산골이다. 며칠 전 일자리가 바뀌어 대구에서 이 생소한 고을로 찾아들었다. 농가에서 첫 밤을 새우고 맞는 이 새벽에, 나는 왜 부질없이 어지러운 상념으로 별을 보고 섰을까.

방으로 돌아와 책상머리에 조용히 눈을 감고 앉는다. 또 하나의 삶의 건널목을 넘어서면서, 새 삶의 여로를 가만히 생각해 보는 것이다. 착잡한 심회로 가슴이 답답하다.

한 열흘 정들었던 마을에서 줄을 거두어, 날라리를 불며 훌쩍 떠나는 곡마단의 표표한 심정이 때로는 부럽다고나 할까.

수목은 오십여 년을 살아오면, 폭풍을 견디는 깊은 뿌리가 내리고, 너그러운 그늘이며 여유를 풍기는 것을 볼 수 있다. 나는 어찌하여 지명을 살아온 지금에도, 하찮은 영욕의 갈림길을 옮겨 설 때마다 애환에 얽혀 이토록 심란해 하는 것일까.

육신은 비록 시속의 인연을 따라 영고성쇠의 계곡을 배회할지라도, 마음은 항시 유란幽蘭이고 싶고, 흐르는 강물이고 싶다.

여물죽 냄새가 문틈으로 살며시 스며든다. 오랫동안 잊어왔던 향수의 냄새다. 문득 일어나 아침 안개가 깔린 들로 산책을 나선다.

영글어 가는 벼이삭 위를 제비 떼들이 직선을 그으며 분주히 날아다니고 있다. 산골의 제비는 추석이 지나면 벌써 강남갈 채비에 바쁘다.

안개가 걷히자, 청명한 시야에는 우람한 산들이 첩첩이 둘러앉기 시작한다. 단풍이 깃들기에는 아직 이르다. 하늘은 벌써 태고의 심해를 닮아 깊고 고요롭고 짙푸르다.

맑은 물소리에 취해서 개울녘에 발이 멎는다. 신발을 벗어들고 맨발로 흙을 밟아 보고 모래 위로 발을 옮긴다. 십여 년 밟아 온 아스팔트 위에선 느낄 수 없었던 자애로운 모정 같은 것이 수액처럼 전신을 번져 온다. 신의 고향이 하늘이라면 인간의 고향은 역시 흙인가 보다.

투명한 개울물이 흐르고 있다. 인간의 수족을 담가 보기에는 죄스러울 만큼 맑고 깨끗하다. 나는 조심스레 손을 넣어 조약돌 한 알을 캐어 낸다. 카랑한 이 촉감. 답답한 가슴이 금방 텅 비고, 마음은 어느덧 가없는 하늘을 맴돈다. 가을의 나신을 만져보는 지순의 희열 때문일까.

조약돌에 얽힌 젊은 시절의 슬픈 사랑의 사연이 느닷없이 머리에 떠올라, 실없는 미소를 지어 본다. 사랑도 미움도 세월이 가면 어쩔 수 없이 오늘 아침 풀숲에 맺혔던 이슬인 것을.

저만큼 싸락눈이 소복하게 깔린 하얀 밭이 있다. 징검다리를 건너 가까이 가서 보니 그것은 만발한 메밀꽃이 아닌가. 주렁주렁 달린 빨간 고추와 하얀 메밀꽃. 누런 조이삭과 다갈색의 수수이삭. 산골의 가을은 빛깔에서 오고, 소리에서 깃들고, 향기며 촉감에서 느껴지는 것일까.

시방 내 이웃은 안으로 짙어 온 스스로의 밀도에 겨워 터지려는 석류알의 풍속이 익어 가고 있다. 나는 지금 한 마리 고추잠자리가 되어 점점 뚜렷해지는 섭리의 자국 위를 한 가닥 운치로 날고 있는지도 모른다 아니면 억새풀과 어울려 피고 지는 한 떨기 들국화로 서 있는 것일까.

주체할 수 없는 이 환희와 감격. 호화스런 불만의 영토에서 가을의 산골로 추방된 행복한 유배를 감사 드리고 싶다.

가을이 가면 겨울이 오겠지. 산골의 겨울은 몹시 춥고도 길고 침울하다고 한다. 겨울이 오면 방에 질화로를 들여놓고 긴 밤을 혼자 앉아, 밤마다 문풍지에 흔들리며 잉태되어 가는 봄의 정기에 심취해 보리라.

그리고 간밤에 눈이 몹시 내린 어느 날 이른 아침, 외로운 산책길에서 눈 위에 파르르 떨고 있는 작은 산새의 발자국을 보고, 가슴을 앓다가 사별한 누님의 정을 느껴 볼지도 모른다.

참새 떼들이 요란스럽게 머리 위를 스친다. 문득 대구에 두고 온 친구들 생각이 난다. 그들은 곡예사의 재주를 터득하지 못했음인지, 열심히 뛰고 일하건만 늘 사는 것이 궁색하고 답답하기만 하다. 그들에게 있어 소중한 자신이 있다면 그것은 인정과 멋과 신의뿐이라고 할까.

물량의 홍수가 일고 탈산업의 기류가 거세지면, 우리의 삶은 풍요 속의 고독으로 황량해질 것이라고 한다. 그러나 정의 미학속에서 항시 송백처럼 푸르기만 한 그들의 가슴속에는, 아무리 세월 따라 물정이 바뀐다 할지라도 비정의 유역은 그 자리를 차지하지 못하리라.

나는 이 친구들을 복된 나의 귀양지로 한 번쯤 초대하고 싶다. 상주에서 속리산을 가는 길섶 20리에 걸친 참오동 가로수를 보면서 오면 좋겠다. 지중해 연안의 마로니에 가로수가 아름답다고 하지만, 봉황이 깃든다는 청아한 참오동에 비하랴.

돌아갈때는 추풍령 굽이굽이마다 타오를 단풍과 우정을 음미하면서 가는 것이다.

나는 석천의 물과 소백산맥에서 따 들인 머루며 다래, 그리고 으름으로 대접하리라.

소슬바람이 분다.

한들거리는 수숫대에 옷소매를 스치며, 여물죽 냄새가 물씬거리는 찬란한 나의 유배지의 하숙으로 돌아가야지.

세월의 그림자

낙엽이 져서 흩날릴 무렵, 황간黃澗에서 백화산白華山으로 찾아들어 여기저기 골짜기를 기웃거리다 돌아 나오면 살아 숨쉬는 세한도歲寒圖 여러 폭을 온몸으로 감상한 셈이 된다.

거기에는 천연 그대로의 물이 흐르고 있는가 하면, 앙상한 고목이며 오막살이며 때묻지 않은 풍광이 있고, 정적에 묻혀 졸고 있는 신라의 고찰도 있다. 이곳의 자연 경관은 사철이 다 인상적이지만 늦가을의 허허한 풍경이 더욱 돋보인다.

한때 이 산중으로 나의 직장이 옮겨져 이태 동안 황홀과 도취속을 들락거리며 따분하다는 산골 생활을 즐겁게 보낼 수 있었다. 직장을 따라 이곳을 떠나서 동서로 흘러 다니면서도 때로 백화산을 머리에 떠올리곤 했다. 그럴 때마다 다음 일요일에는 꼭 한바퀴 돌아와야지 하고 다짐해 봤지만 뜻대로 되질 않았다.

오늘은 모처럼 한가한 일요일. 비록 늦가을은 아니지만 불쑥 집을 나섰다. 오랜만에 타 보는 완행열차. 아침 햇볕이 겨우 철길에 와 깔리는데 새벽을 달려온 기차와 승객은 이미 지쳐 있다. 소박한 욕망과 감춰 둔 애환이 흔들리며 실려 가는 차내 분위기. 창 밖에는 연신 녹음의 향연이 스쳐 가고 있다.

대구에서 황간까지는 한 가닥 상념과 회상에 잠겨 볼 만한 거리라 할까. 차에서 내리자 곧장 택시를 잡아타고 먼저 백화산 기슭 반야사般若寺로 향한다. 10여 년 만에 다시 찾아가 보는 감회. 괜히 가슴이 좀 설레인다. 흙먼지가 많이 일던 신작로에는 포장 공사가 한창이다. 예전에 없던 인삼밭이 여기저기 생겨나 저마다 검은 면사포를 덮어쓰고 있다. 차가 신작로에서 반야사 쪽으로 꺾어 들자, 울창한 수목과 바위와 잡초까지 일제히 일어나서 환호를 외치며 나를 반긴다.

어느새 차는 절 문턱 앞에 와 멎었다. 그런데도 어쩐지 즐겁질않다. 새로 뚫린 찻길이며 우중충 더럽혀진 물 빛깔 때문일까. 아니면 들머리에 생겨난 유흥시설과 몰려오는 유람객 때문일까. 단청이 화려한 사찰 경내를 서성거리며 가까스로 마음을 차분히 가라앉혔을 때 느닷없이 엄습해 오는 이 허탈감. 왜 이럴까. 옛 운치가 그대로 있을 것이라 믿어 왔던 나의 기대감이 한꺼번에 무너져 버렸기 때문이다.

하나 다음 순간 갑자기 실감하게 되는 세월의 위력. 세월은 변혁의 술사요, 조화造化의 명수가 아니던가. 언젠가 대구 거리를 거닐다 문득 젊은 시절 한때 정을 붙이고 근무했던 ㄷ여학교가 생각이 나서 찾아갔다가, 교사校舍는 헐려 없어지고 그 자리에 높은 새 건물이 들어서서 낯선 사람들만 들락거리는 것을 보고 얼마나 실망했던가. 세월이 지나간 자리에는 본시 변화가 있고 흥망이 있기 마련이라 했다. 세월 따라 변하는 것은 도시의 모습이나 산천의 풍경뿐만 아니라 세상의 물정이며 인심도 마찬가지라 했다. 그것이 순리인 줄 번연히 알면서도 때로 안타까워하는 것은 무슨 까닭일까.

반야사를 돌아 나와 모서牟西땅 백화암白華庵을 찾아간다. 산기슭 군데군데 고목은 예처럼 더러 있어도 초가草家는 이미 없어졌다. 백화암은 그때 나의 직장 가까이에 있어 자주 들렀던 암자다. 주지인 자혜스님은 비구니였지만 언제나 찾아가면 조용한 말벗이 돼 주었다.

그녀는 늘 한창 피어난 백합꽃을 연상케 했다. 막상 백화암을 찾아 뜨락에 들어서니 젊은 비구니가 나와서 합장을 한다. 수인사를 나누고 자혜스님이 아직도 그 암자에 계시다는 것을 알았다. 조심스레 법당으로 가서 그녀를 만났을 때 그녀는 영락없는 노승老僧으로 변해 있었다. 어찌된 일일까. 암자를 옮겨 짓는 불사에 너무 심혈을 쏟아 버렸기 때문일까. 그녀는 활짝 웃으며 일어서서 나를 맞는다. 웃는 그 모습 속에 흘러간 세월의 그림자가 보인다.

"선생님, 이게 몇 년 만입니까. 어쩌자고 그렇게 늙으셨어요. 혹 그동안 중병을 앓으신 것은 아닌지요……."

"아닙니다. 건강했습니다. 세월 탓이겠지요……."

'스님께서도 많이 늙으셨네요.' 이 말이 차마 나오질 않았다. 세월은 조용한 폭군이라 할까, 소리 없는 약탈자라 할까.

지난 봄 고향에 들렀다가 몰라보게 성큼 커버린 집안 아이들을 보고 대견해 했던 일이 생각난다. 그때 친구들과 술잔을 나누며 형편없이 쭈그러든 서로의 모습을 보고 서글프게 웃으며 농담을 즐겼다.

으레 함께 있어야 할 친구가 더러 보이지 않았을 때 우리는 저마다 말없이 허망함을 느끼지 않았던가. 세월은 생명이 있든 없든 만물을 만들어 내고 길러 내는 재주도 있고 망가뜨리고 빼앗아 가는 폭력도 있다. 사람들이 그토록 소중하게 가꾸고 아끼는 젊음과 건강, 그리고 몸뚱어리와 목숨도 긴 세월 앞에서는 한갓 풀잎과 무엇이 크게 다를 것인가. 자연의 섭리를 지배하는 절대자가 있다면 그것은 세월일지도 모른다.

부질없는 명상에 잠겨 한동안 흔들리는 사이에, 나를 실은 버스는 벌써 추풍령을 빠져 나오고 있다. 무심코 차창 밖을 내다본다. 하늘에는 연방 이내가 번지고 있다. 웬일일까. 지난날의 나의 온갖 자화상이 눈앞에 어른거린다. 환난과 병고에 시달리는 모습, 좌절과 오뇌로 밤을 새우는 모습, 그리움과 기다림으로 동구 밖에 나와 서성거리는 모습, 정한과 눈물로 들판을 배회하는 모습……. 이런 것들이 모두 세월에 묻혀 어느덧 사라지고 지금은 이순의 유역을 조용히 흐르고 있지 않는가. 세월은 드디어 구원이요 자비였다.

불가佛家의 관음보살을 범어梵語로는 Avalokitesvara라 하고 그 본래의 뜻은 만물의 생성 변화와 성주괴멸成住壞滅을 다스리는 대자연력大自然力이 아니던가. 그러니 따지고 보면 관음보살의 중생 구제도 그 묘력妙力은 결국 세월 속에 숨어 있는 것인지도 모른다.

차는 벌써 대구에 와 닿았다. 살아 숨쉬는 명화를 찾아 백화산에 갔다가 세월이 흘리고 간 그림자만 읽어 보고 돌아 나온다. 첫눈이 내릴 무렵 오대산이나 다녀와야겠다.

강마을

오늘 아침 출근길에, 문조文鳥 한 마리가 죽어서 길섶에 버려져 있는 것을 보았다. 무서리가 내린 강변에 어린 물새 한 마리가 죽어 쓰러진 것을 보고, 치마폭에 싸다가 양지에 묻어 주던 소녀가 생각난다. 이듬해 봄에는 그 무덤을 찾아가 풀꽃을 뿌려 주던 그 천사의 동심이 오늘 황량한 내 가슴에 강물로 출렁인다.

강마을 아이들은 강변의 물소리를 익히며 자란다. 강물 소리에도 계절이 깃들어 봄이 오고 가을이 간다.

강물에도 생명이 있다. 추운 겨울 얼음이 겹으로 강 위에 깔려도, 강의 어딘가에는 숨구멍이 있다. 이 생명의 구멍으로 강물은 맑은 하늘의 정기를 호흡하며 겨우내 쉬지 않고 흐른다. 겨울의 강물 소리는 마음으로 듣는다. 차가운 강바람이 소창素窓을 칠 때 떨리는 문풍지에서 문득 오열嗚咽처럼 흐르는 강물 소리를 듣는다.

우수가 지난 어느 날 새벽, 찡 하고 나루터 빙판에 금가는 소리가나면, 비로소 강마을의 한 해는 시작되는 것이다. 강이 풀리면 금조개 빛깔의 겨울 강물이 청자빛으로 변해 가고, 잠에서 깨난 물고기들은 꼬리를 쳐 본다. 강마을의 봄은 강물의 빛깔과 물소리에서 오는 것일까. 막 껍질을 깨고 난 병아리의 삐약거리는 소리가 강변에서 번져 나오면, 산과 들은 곧장 강물 빛깔을 닮아간다. 강마을 아이들은 감동과 사랑으로 이 신비로운 질서에 동화되면서 기다림과 설레임으로 봄을 맞는다.

봄이 오면 이른 아침의 강나루는 아이들의 공동 세면장이다. 부리가 길고 몸매가 날씬한 물새가 저만치 수면을 스치고 허공을 찌르듯 솟아오른다. 가지색 날개 깃에 아침 햇빛이 부딪혀 찬란할 때, 동심은 봄이 온 기쁨에 넘쳐 물새로 비상飛翔한다. 기나 긴 봄날을 함께 놀아 줄 동무가 찾아온 것이다. 감격과 환희를 가득 싣고.

강마을 아이들의 놀이는 곧 강물에의 애무愛撫다. 조약돌을 주워 강심에 팔매질을 해 본다. 풀잎배, 나뭇잎배, 때로는 나무껍질로 만든 배를 물 위에 띄워 보낸다. 어쩌면 미지의 세계로 한없이 가고픈 동심을 띄워 보내는 것이리라. 때로는 낚시를 드리워 고기를 건져 올리고, 강조개를 캐내기도 한다. 그러나 캐내고 건져 올리는 것이 어찌 강조개며 고기뿐이랴.

아이들은 강마을에 있어야 할 자연의 일부라 할까. 강물과 모랫벌, 물새와 고기 떼, 산과 들, 나룻배와 하늘, 그리고 아이들, 그 어느 하나도 없어서는 안될 자연의 조화다. 이 자연의 조화에 깊은 애정을 느낄 때, 아이들의 마음속에는 고향의식이 싹튼다. 훗날 뿔뿔이 흩어져 저마다 삶의 길목을 고달프게 걷다가. 어느 날 밤 가슴속에 흐르는 강물 소리를 듣고 문득 향수에 젖으리라.

여름의 강마을은 조물주의 장난이 허락된 방종放縱의 도시라 할까. 목이 타는 한발로 모랫벌을 사막으로 만드는가 하면, 큰 홍수가 나서 한 마을을 자취도 없이 쓸어 가기도 한다. 그러나 하동河童들은 그런 대로 마냥 즐겁다. 열사熱砂의 강변에서 가뭄을 잊고 마음껏 물에서 노는 것은 즐겁다. 동화 속의 왕국을 모래성으로 쌓아 올려, 공상의 날개를 펼쳐 보는 것은 더욱 즐겁다. 홍수가 나면 산마루에 올라. 함성과 군마와 쇠북 소리를 내며 밀어닥치는 , 바다 같은 흙탕물의 장관壯觀에 넋을 잃는다.

날씨가 고르면 강마을은 밤낮이 없는 이방인異邦人의 거리로 변한다. 낯설은 풍습이 강마을 아이들의 눈을 난시亂視로 만들어 놓는다. 철이 바뀌면 이방인들은 훌쩍 떠나가 버려도. 그들이 버려둔 풍습의 유산은 동심의 한 모서리에 갈등 같은 묘한 멍을 오래 남겨둔다.

강마을에는 추수가 없다. 농토가 귀한 이 마을 사람들은 열심히 고기를 잡거나, 목기木器며 죽세품竹細品이며 돗자리를 만들어 추수 없는 서러움을 달랜다. 그러나 아이들에게는 풍요한 추수가 있다. 강물은 많은 사연과 그림자를 싣고 끝없이 흐른다. 갈대가 하늘거리는 강변에 모여 앉아 강물의 여로旅路를 곰곰이 생각해 보면, 어느덧 저마다의 가슴속에도 강물이 출렁댄다. 강 건너 아득히 먼 산 너머로 해가 지는 것을 바라보거나, 구름 사이로 깜빡깜빡 보이는 기러기 떼들을 지켜보는 것, 또는 집에 돌아갈 것을 잊고 바람 소리 나는 대나무 숲을 마음껏 배회해 보는 것, 이런 것들이 모두 강마을 아이들에게 지순至純의 꿈을 길러 주는 추수이리라.

나는 어린 시절을 강마을에서 자랐다. 남해대교南海大橋에서 섬진강을 따라 80리, 뱃길로 한나절을 가면 포구가 있다. 이 하동포구 어느 산기슭에, 울먹이며 물새 한 마리를 묻어 주던 소녀도 이제는 불혹不惑의 유역流域을 흐르고 있을 것이다. 낙엽으로 지는 세월 속에서, 얼마나 많은 애환의 기슭이며 영욕의 여울목을 그녀는 지나갔을까. 사랑도 미움도 서러움과 기쁨도 어쩔 수 없이 흘러간다는 강물의 슬기를 사무치게 느꼈으리라. 강물의 흐름이 곧 여래如來의 마음인 것을.

■ 연보

1929 경남 하동 출생

1946 경남중학교(6년제) 졸업

1946 고등학교교원자격검정 일반사회과 합격

1950 고등학교교원자격검정 영어과 합격

1950 경북군위중고교 교사

1950 제2군단 정훈부 문관종군

1952 영주중, 포항중학 교사

1964 포학수산고등, 대구여중 교사

1965 경북교육청 교육연구사

1967 대구시 평리중학 교감

1968 대구시 교육청 장학사

1968 「수필문학」에 「강마을」로 등단

1969 한국문인협회 회원

1970 상주시 중모중종합고등학교장

1978 영양군 교육장

1980 고령군 교육장

1981 국제펜클럽 회원

1982 포항고등학교장

1983 형산수필문학 회장

1985 경북교원연수원장

1986 한국문인협회 구미시지부장

1987 영남수필문학 회장

1990 포항여자고등학교장

1995 경상북도 교육위원

1996 한국교원대학 출강

2003 대구대학평생교육원 출강

2006 대구수필창작대학장

■ 수필집

1977 「강마을」

1979 「거룩한 본능」

1985 「종교보다 거룩하고 예술보다 아름다운」

1989 「素木의 횡설수설」

1992 「높고 낮은 목소리」

2003 「귀로의 사색」

■ 수상실적

1980 한국수필문학상

2003 신곡문학상 대상

2004 향토아카데미 문학상

1985 경북교육대상

1986 한국교육장 대상

1988 SBS방송사 서암교육자 대상

1995 국민훈장 석류장

현대수필가 100인선 · 05
김규련 수필선

즐거운 소음

초판인쇄 | 2007년 10월 20일
초판발행 | 2007년 10월 25일

지 은 이 | 김 규 련
펴 낸 이 | 서 정 환
펴 낸 곳 | 좋은수필사

주　　소 | 서울시 종로구 익선동 30-6
운현신화타워 빌딩 3층 305호
전　　화 | (02)3675-5635, (063)275-4000
등　　록 | 1984년 8월 17일 제28호
홈페이지 | http://www.shin-a. co. kr
e-mail | essay321@hanmail.net

값 7,000원

ISBN 978-89-5925-252-7 04810
ISBN 978-89-5925-247-3 (전100권)